AF341192

SECONDE LETTRE

A UN MEMBRE

DE LA CHAMBRE DES DÉPUTÉS,

SUR LE BUDGET

DE LA CHAMBRE DES PAIRS.

Paris, 29 mai 1819.

Monsieur,

La discussion qui a eu lieu dans votre Chambre au sujet du budget de la Chambre des Pairs, m'a démontré que sa situation financière n'a pas été bien saisie par les honorables Opinants.

En effet, on a paru hésiter sur l'accord des 13,24,000 fr. en 5 pour 100 consolidés, pour lesquels cette Chambre, regardée comme héritière de l'ancien Sénat, est inscrite sur le grand-livre de la dette publique. Il faut à cet égard bien s'entendre.

L'Ordonnance du 4 juin 1814 fait titre. Le Roi exerçoit alors une vraie dictature, il constituoit les pouvoirs de la société; lorsque j'entends un de ces pouvoirs manifester des alarmes sur les entreprises d'un autre, je rétorque l'argument, et je gémis de me trouver sur un terrain mal affermi.

Le Roi, il ne faut pas craindre de mettre ici en avant ce nom auguste, parcequ'il n'y est placé que génériquement; le Roi, lors de la restauration, s'est trouvé ressaisi, par l'évènement seul, de sa toute-puissance, il a pu l'exercer dans son intérêt et dans celui de la société. Il a voulu la reconstruire sur des bases qui offrissent une grande solidité, il s'est servi à cet effet des matériaux les plus propres à la garantir. Il y en avoit d'anciens et de nouveaux. Par l'heureux mélange des uns et des autres, il a élevé un édifice social que les passions exaspérées des partis peuvent seules ébranler et renverser.

L'évènement importe peu au fait ; qui a jusqu'ici rien prévu, qui peut rien prévoir? L'astrologie judiciaire l'a peut-être emporté dans les temps anciens sur les prédictions de nos plus profonds politiques du temps présent.

Pour moi, qui vais, tant que je le puis, terre à terre, et qui vis au jour le jour, et qui ai été témoin d'un si grand nombre d'espérances déchues, de pronostics avortés, de prédictions dérisoires, je prends les choses dans l'état où je les trouve, et afin de me renfermer dans le cercle que je me suis tracé dans cette correspondance, je vous dirai tout simplement, même si vous le voulez, dans mon intérêt privé, qu'il est dû à chaque ancien sénateur une pension de 36 mille francs par an ; ils sont tous vieux, ils n'ont donc pas long-temps à en jouir, encore est-il juste qu'ils finissent leurs derniers jours en paix, car depuis quatre à cinq ans on s'est assez évertué à leurs dépens ; ceux mêmes à qui on pourroit dire, comme le disoit le renard à l'égard des raisins qu'il convoitoit, se sont les moins gênés. Je reviens au fait, il est dû à chaque ancien sénateur 36 mille francs de pension par an. On ne peut la leur payer avec rien, il faut donc faire fonds d'une somme équivalente aux besoins. C'est dans ce sens qu'on a demandé pour 1819.

1°   Les   13,24,000 fr. de rentes sur le grand-livre.

2° Un crédit de 2,000,000 fr.

3°   Les   230,000 fr. à-peu-près de revenus provenant des sénatoreries.

____

Total. . . 3,554,000 fr.

Cette somme peut, je crois, suffire pour 1819, parceque les anciens sénateurs consentent à ne toucher encore, pendant cette année, que

24,000 fr. de pension. Ils auront fait abandon pendant cinq ans de 12,000 fr. par an : il me semble que ce sacrifice qui se monte à 60 mille fr. est tout ce qu'il est raisonnable d'exiger d'eux.

Ainsi, sans approfondir des questions spéculatives qui pourront se traiter avec plus de succès dans d'autres temps, je maintiens que ce seroit faire une abstraction d'idées positives, que de ne pas faire les fonds d'une somme reconnue indispensable pour nous payer, cette année, nos pensions sur le pied de 24,000 francs, puisque nous nous en contentons, plus celles des veuves des anciens sénateurs ; enfin les dépenses auxquelles est obligée la Chambre des Pairs, 1° comme pouvoir législatif et judiciaire; 2° comme conservatrice de l'un des monuments qui contribue le plus à l'ornement de la capitale du Royaume, et aux jouissances de ses habitants et du voyageur.

J'ai l'honneur d'être avec une entière considération.

Comte DE CORNET.

DE L'IMPRIMERIE DE P. DIDOT, L'AINÉ,

CHEVALIER DE L'ORDRE ROYAL DE SAINT-MICHEL,

IMPRIMEUR DU ROI ET DE LA CHAMBRE DES PAIRS,

Rue du Pont-de-Lodi, n° 6.

PROCÈS

COMPLET

DE M. DE PRADT.

Ouvrages de M. DE PRADT, *qui se trouvent chez les mêmes Libraires.*

1°. Les quatre Concordats, suivis de considérations sur le Gouvernement de l'Église en général, et sur l'Eglise de France en particulier, depuis 1515, 3 vol. in-8°, 18 fr.

2°. Des Colonies, de la Révolution actuelle de l'Amérique, 2 vol. in-8°, RARE, 15 fr.

3°. Les trois derniers mois de l'Amérique méridionale et du Brésil, 2e édit., revue, corrigée et augmentée, 1 vol. in-8°, 3 fr.

4°. Les six derniers mois de l'Amérique et du Brésil, faisant suite aux deux Ouvrages ci-dessus sur les Colonies, 1 vol. in-8°, 4 fr. 50 c.

5°. Pièces relatives à Saint-Domingue et à l'Amérique, 1 vol. in-8°, 3 fr.

6°. Antidote au Congrès de Rastadt, suivi de la Prusse et de sa neutralité, nouv. édit., 1 gros vol. in-8°, 8 fr.

7°. Lettre à un électeur de Paris, 1 vol. in-8°, 3 fr.

8°. Préliminaires de la session de 1817, 1 vol. in-8°, 3 fr. 50.

9°. Des Progrès du Gouvernement représentatif en France, in-8°, 1 fr. 25 c.

10°. L'Europe après le Congrès d'Aix-la-Chapelle, faisant suite au Congrès de Vienne, 2e édit., 1 vol. in-8°, 6 fr.

11°. Mémoire historique sur le Révolution d'Espagne, 1 vol. in-8°, 7 fr.

12°. Récit historique sur la Restauration de la royauté en France le 31 mars 1814, un vol. in-8°, 2 fr.

13°. Congrès de Carlsbad, première partie, in-8°, 2 fr.

14°. Congrès de Carlsbad, seconde partie, in-8°, 4 fr.

15°. État de la Culture en France, 2 vol. in-8°, 10 fr.

16°. Petit Catéchisme à l'usage des Français, sur les affaires de leur pays, 2e édit., 1 volume in-8°, 3 fr. 50 c.

17°. Suite des quatre Concordat, 1 vol. in-8°, 4 fr. 50 c.

18°. De la Révolution actuelle de l'Espagne, 1 vol. in-8°, 4 fr. 50 c.

19°. De l'Affaire de la Loi des élections, faisant suite au Petit Catéchisme, 1 vol. in-8°. (*rare*), 7 fr.

Ces Ouvrages se trouvent aussi à Bruxelles, chez LECHARLIER, *Libraire.*

PROCÈS

COMPLET

DE M. DE PRADT,

ANCIEN ARCHEVÊQUE DE MALINES,

Auteur de l'Ouvrage intitulé : DE L'AFFAIRE
DE LA LOI DES ÉLECTIONS.

CONTENANT :

Une Introduction, l'Instruction préparatoire, l'Arrêt de renvoi
devant la Cour d'Assise et les passages inculpés, les Débats, les
Réquisitoires de M. l'avocat-général, le Discours de M. de Pradt,
le Plaidoyer et la Réplique de Me Dupin aîné, avocat de M. de
Pradt; le Plaidoyer de Me Moret, avocat de M. Béchet; la
Déclaration du Jury et l'Ordonnance d'acquittement.

A PARIS,

CHEZ BÉCHET AINÉ, LIBRAIRE - ÉDITEUR,
QUAI DES AUGUSTINS, N° 57.

ET A ROUEN,

CHEZ BÉCHET FILS, LIBRAIRE,
RUE GRAND-PONT, N° 73.

1820.

LE PORTRAIT DE M. DE PRADT,

très ressemblant, dessiné et gravé avec soin, par M. Ambroise Tardieu, se vend chez Béchet aîné, libraire, quai des Augustins, n° 57; et chez l'Auteur, rue du Battoir-Saint-André, n° 12. Prix : 1 fr. 50 c. sur papier vélin satiné. Il est de grandeur à pouvoir entrer dans les Œuvres de ce grand publiciste, et fait partie de la Collection des Portraits des Députés, Écrivains et Pairs constitutionnels, que publie le même artiste, et dont il paraît déjà 12 livraisons, de quatre Portraits chacune. Prix : 5 fr. la livraison ; on les trouve aussi chez Béchet.

DE L'IMPRIMERIE DE HUZARD-COURCIER,

RUE DU JARDINET, N° 12.

PROCÈS

COMPLET

DE M. DE PRADT.

INTRODUCTION.

Depuis quelques mois, les causes relatives aux délits de la presse se sont multipliées, et les tribunaux n'ont pas cessé de retentir de ces débats, dont l'utilité n'égale pas toujours le bruit ; qui souvent ont l'inconvénient de donner de la publicité à ce qu'il serait bon de cacher ; qui placent un danger pour la société dans des paroles ou des assertions qui souvent, sans cela, resteraient inaperçues du monde entier ; qui, dans l'état actuel de la société, ne sont propres à exciter aucun mouvement, ni à produire aucun effet ; ces accusations portent avec elles l'inconvénient vraiment effrayant pour les membres de la société, de faire dépendre les intérêts les plus précieux des citoyens d'interprétations dans lesquelles toujours

il entre nécessairement un peu d'arbitraire, et
dont, par la composition actuelle du jury, la
décision finale est remise à des hommes dont
l'équité naturelle peut n'être pas secondée par le
genre d'études, de connaissances et de pratiques
qui rend propre à discerner ce qui peut se trouver
de réel dans un écrit, comme à faire avec justice
le partage entre le bien et le mal.... C'est ce
que l'on a vu dans les causes de la souscription
dite nationale, de la municipalité de Toulon,
contre M. de Jouy, membre de l'Académie, de
M. Cauchois-Lemaire, de M. Bousquet, et d'un
grand nombre d'autres causes... Beaucoup ont
échappé à la condamnation; celles-ci, en se ré-
pétant, affectent plus désagréablement le public,
et lorsque déjà beaucoup de retraits se trouvent,
par les lois mêmes, imposés à la libre manifes-
tation de la pensée, il est naturel que le public
désire plus de sobriété dans ces condamnations,
car alors chaque jugement menace ou atteint en
quelque point chaque particulier.

Les choses en étaient là lorsque l'ouvrage de
Mgr l'archevêque de Malines, sur l'affaire des
élections, fut déféré aux tribunaux. Le public à
été imbu de l'idée que des ordres directs du ministère avaient mis en action les magistrats; que
des mesures de rigueur avaient dû être proposées

contre l'auteur ; que l'effet en avait été prévenu par les représentations des chefs du clergé ; tout cela peut être ou n'être pas ; aujourd'hui , il importe peu de le connaître ; s'en informer , tenait alors à l'active et inquiète curiosité qui porte à rechercher les principes et les auteurs des évènemens publics, et à l'état actuel des sociétés dans lesquelles un grand nombre d'hommes ont le goût des affaires publiques , et du temps à leur donner.

La saisie d'un ouvrage de M. de Pradt devint un évènement. Ce résultat conduisait à la Cour d'assises un archevêque , spectacle nouveau , un auteur qui , dans vingt ouvrages , avait évité les écueils de la liberté des opinions et de la franchise des paroles. — Il règne en général en France un double langage, l'un naturel et l'autre artificiel , et comme officiel : c'est un *argot* né au sein des violences de la révolution ; le besoin de la sûreté l'a fait naître ; l'intérêt l'a maintenu ; la transportation rapide du pouvoir d'une main à une autre l'a montré comme une sauve-garde ; on a voulu préparer des excuses à l'avenir , et tel affirme *devant* l'existence du bonheur, qui *derrière* déplore ou prédit des malheurs.... M. de Pradt a signalé plusieurs fois cette hypocrisie du langage, et ne peut être accusé d'en avoir usé à son profit,.... Il a dit ce qu'il a cru être la vérité, à tous et sur tout.... Il a parlé du présent comme du passé, et quelquefois l'avenir à entr'ouvert devant lui ses sombres profondeurs. Tout avait bien été jusque-là ; mais comme il n'est pas de bonheur durable, il a fallu arriver au bord de l'abyme commun, et recevoir un coup semblable à celui qui avait frappé tant d'autres.

L'ouvrage sur l'affaire des élections fut composé à cent lieues de Paris, avec une extrême rapidité, à la chaleur de la plus vive discussion qui ait animé aucune des assemblées délibérantes depuis 1789 : quelques étincelles de ce feu tombèrent sur le bureau de l'auteur ; il était malade ; temps fâcheux pour écrire ; pressé par l'empire des circonstances, autre inconvénient ; l'impression se poursuivait à Paris, sans possibilité de révision dans un mouvement accéléré, sans correction personnelle des épreuves imprimées ; les troubles de Paris éclatèrent ; les peintures les plus enflammées remplirent les contrées qu'habitait M. de Pradt. A Paris, on juge très imparfaitement les impressions que les faits ou les opinions de Paris produisent sur les provinces ; Paris et celles-ci s'ignorent également, et il serait assez difficile de dire à qui de Paris ou des provinces, appartient, sur leur position mutuelle, la plus grande somme d'erreurs. — Ce qui est bien certain, quant au fait présent, c'est que M. de Pradt avait la pleine et entière conviction que la prolongation des troubles de Paris, n'eus-sent-ils continué que trois jours encore, donnait dans les contrées qu'il habitait alors, et qu'il con-naît très bien, ouverture à une perturbation po-pulaire, dont aucun pouvoir ne peut diriger, arrêter le flot ni guérir les ravages : *quelques fusillés*, à la suite de l'ouragan, ne guérissent pas les victimes qu'il a fait; et puisque M. de Pradt a acquis à ses dépens le droit de parler clair, sans cet argot si cher et si propice à tant d'autres, il dira qu'il a toujours pensé, qu'à titre *de prêtre et de noble*, malgré son libéralisme, il avait un double tribut à payer à ces perturba-tions, et qu'il ne lui était pas plus réservé d'en éviter le paiement, que celui qu'il a été sommé d'acquitter à la Cour d'assises.

C'est sous ces inspirations que M. de Pradt avait écrit. M. Savoye-Rollin avait dit : J'ai voté pour éviter la guerre civile. Eh bien ! M. de Pradt avait écrit pour éviter quelque chose de pis que la guerre civile, une pertur-bation populaire; car M. de Pradt n'est pas assez dénué de sens pour croire à la possibilité d'une guerre civile en France; mais il croit et beau-

coup, à celle des perturbations populaires ,
malheur ignoble, plus fatal que celui des guerres
civiles , qui tout hideuses et funestes 'qu'elles
soient, cependant peuvent n'être pas dépour-
vues, comme l'atteste l'Histoire , de quelque
dignité, ni s'opposer au développement de hauts
caractères , et même de vertus, dont il faut déplorer l'emploi, mais ne pas méconnaître l'existence. Pendant qu'on accusait à Paris M. de
Pradt d'exciter à la guerre civile, il employait
dans son pays ses moyens d'influence pour prévenir ces perturbations qui lui inspirent un si
légitime effroi. Il en a été victime en 1789 et
en 1792 : il n'a pas la moindre envie de se re-
trouver vis-à-vis d'elles en 1820 et années sui-
vantes. A Paris on est à l'abri de tout cela, et
l'on juge les autres comme s'ils y étaient aussi.

L'ouvrage parut le 15 juillet : l'auteur accusait la lenteur de l'imprimeur ; il avait espéré
paraître avant la sanction de la loi. A la seule
inspection de l'ouvrage, on le juge ouvrage de
circonstance, surtout dans sa partie inculpée. La
partie permanente précède celle-ci : c'est celle qui
traite de l'aristocratie , sujet neuf , tableau vrai,
tracé avec des égards et des ménagemens auxquels
l'*aristocratie* n'est pas accoutumée , et qu'elle-
même n'emploie guère. Les chapitres de la

législation, de la royauté, de l'initiative, du ministère, de la dynastie, du gouvernement occulte, forment le corps de l'ouvrage, et dénotent les intentions de l'auteur avec une évidence qu'il croyait capable de faire éprouver aux autres le même sentiment qu'il éprouvait lui-même en les traçant. Jamais il n'avait écrit avec plus de cette sécurité qui naît du sentiment de l'innocence des intentions. Le chapitre de la dynastie tout seul, devait servir comme de paratonnerre à son ouvrage, et à ce qui pouvait s'y rencontrer de défectueux : il devait être protecteur pour lui comme il l'est, s'il n'y a pas de témérité à s'exprimer ainsi, pour la dynastie elle-même : car jamais rien de plus vrai, de plus formel, de plus salutaire pour elle n'a encore été écrit, et quand M. de Pradt le composait avec autant de rapidité que de vérité, et de désir de servir, il tendait à ramener les esprits étrangement égarés de tous les côtés sur cette question. Le chapitre sur le gouvernement occulte fut composé dans la même intention. M. de Pradt saisit cette occasion de rendre une éclatante justice aux illustres victimes d'une des plus horribles déceptions dont le souvenir ait souillé l'Histoire : il a voulu fixer le jugement de la postérité sur ce fait historique ; il a bravé, pour le faire, la défaveur attachée à contrarier l'opinion d'un parti dans un moment donné ; il a montré par là son impartialité ; mais le système des compensations n'existe pas en sa faveur, et il ne lui est pas plus donné de faire reconnaître le sens de ce qu'il écrit en 1820, que le prix de ce qu'il faisait en 1814, lorsque pendant trois mois il exposa sa vie pour amener la restauration que l'état de son pays lui montrait indispensable, pas plus qu'il n'a été tenu compte pour lui des exils et du dépouillement que lui valut le 20 mars 1820.

Quand les passions seront calmées, quand dans son action continue, le temps aura placé l'ouvrage de M. de Pradt dans ce lointain qui donne la perspective véritable des objets, on s'étonnera de la facilité avec laquelle on l'a incriminé, *de provocation à la désobéissance aux lois, d'attentat formel à l'autorité constitutionnelle du Roi et des Chambres, et d'excitation à la guerre civile :* ce sont trois grandes choses que ces crimes : il faut beaucoup d'imprudence ou de perversité pour y penser et pour en provoquer les redoutables résultats sur soi comme sur les autres, il faut être bien puissant pour en attendre quelque chose : souvent pour savoir ce que veut un homme, surtout s'il est doué de quelque sens, il serait bon de commencer par demander ce qu'il peut, et ce serait dans son pouvoir réel, encore plus que dans ses paroles mêmes, que l'on en trouverait le sens. L'Histoire se trouvera parfaitement d'accord avec la Cour d'assises, sur la nature de l'ouvrage de M. de Pradt, et, confirmant son jugement, elle maintiendra qu'il ne contenait rien de ce qui l'a fait traduire devant les tribunaux. Quelques phrases chaleureuses, quelques expressions despectueuses pour des choses peu recommandables, quelques coups de pinceau trop vrais pour n'être pas ressentis vivement, mais placés à côté de l'expression du respect pour tout ce que le devoir prescrit de respecter, a côté même des ménagemens offerts à ceux que l'on frappe d'une main, en les relevant de l'autre, ne constituent pas les crimes qui exposent un citoyen dont l'existence tout entière est comme une protestation continuelle contre la possibilité de ces mêmes crimes, à subir la perte de l'honneur, de la liberté, de tout ce qui constitue l'existence honorable dans un monde civilisé. En voyant la légèreté et la dureté avec laquelle les hommes se traitent mutuellement, on trouve que la société vend cher ses avantages, et l'on se demande quels dédommagemens elle a préparés à ceux qu'elle fait descendre d'un haut rang, sur un

banc d'accusé, auxquels elle demande la suspension de leur considération sociale, qu'elle
menace de la perte de la liberté, qu'elle expose
aux regards du public, qu'elle accuse à son
de trompe, et qu'elle laisse justifier avec les ci-
seaux de la censure (1); qui entendent leur nom
dans toutes les bouches, qui perdent pendant
un long espace de temps le repos de l'esprit
et du corps, qui ont à parcourir de longues distances pour arriver à obtenir la faculté de continuer à parcourir librement les rues, et qui en
cas de plainte, peuvent encore être accusés de
manquer au respect.

Voilà ce que vient d'éprouver M. de Pradt :
ni son âge, ni son caractère ecclésiastique, ni ses
titres civils, ni une existence aussi honorable
que paisible dans la contrée qu'il habite, n'ont
pu le soustraire à cet enchaînement de douleurs,
qu'il aurait bien le droit de qualifier autrement.
Ses souffrances et ses dangers ont alimenté la
généreuse allégresse d'un parti ; M. de Pradt l'a
vu préparer ses subsannations, il a entendu les cris
de sa joie prématurée, que la justice lui a ordonné
de faire rentrer dans un sein qui méconnaissait
les droits de l'humanité...

---

(1) La censure a défendu de rendre compte du plaidoyer de
Me Dupin, avocat de M. de Pradt.

L'ouvrage de M. de Pradt parut le 15 juillet ;
il fut saisi le 17 juillet ;.... déféré de suite aux
tribunaux, et renvoyé par eux à la Cour d'assises..... Une commission rogatoire fut adressée
au tribunal d'Issoire, département du Puy-de-
Dôme; M. de Pradt y fut cité; il était absent et
málade. Pressé de rejeter loin de lui l'odieux
fardeau dont on venait de le charger ; il brava
les douleurs les plus cuisantes pour se rendre au
tribunal.

L'acte d'accusation envoyé par le juge d'instruction de Paris, était beaucoup plus étendu
que celui qui a été lancé par la Cour royale.

M. de Pradt ne répondit que sur les deux premiers points, se réservant de continuer à Paris,
s'il y avait lieu de le faire.

Il est bon de faire connaître ces deux points.

1°. Page xj de l'Avant-Propos.

« L'aristocratie n'a jamais conçu et ne conce-
» vra jamais que, les Bourbons rentrant à titre
» de famille dans une propriété souveraine,
» elle ne rentre pas aussi dans les siennes pro-
» pres, et dès que l'on fait du commandement
» social une propriété de famille, dans ce système,
» on ne peut accuser l'aristocratie d'avoir tort ;
» elle peut bien avoir tort contre les principes
» du contrat social, mais elle a raison dans le

» système de la souveraineté de famille ; alors
» celle-ci n'est que l'aristocratie portée au plus
» haut degré : le prince plus séparé du corps
» social et plus agissant sur lui que tout autre
» membre de l'aristocratie, dans ce système, est
» le premier des aristocrates. »

2°. Page xxxix de l'Avant-Propos.

» Je supplie l'aristocratie de m'éclairer sur ce
» point : comment se démêlerait-elle de toute la
» république des Lettres qui lui est contraire ;
» écrivains, professeurs, écoliers, littérature,
» droit, médecine, tout lui est opposé dans
» cette catégorie ;

» Du commerce, arts, industrie, propriétaires
» du moyen ordre, si communs en France, dans
» les mêmes dispositions à son égard ;

» Des millions d'acquéreurs des domaines que
» tant d'intérêts et d'alarmes rendent ses en-
» nemis ;

» De la totalité de la bourgeoisie qui aujour-
» d'hui dispose du peuple des villes et des cam-
» pagnes ;

» Comptera-t-elle comme contre-poids la force
» publique dont elle disposerait , et l'armée.

» Mais la vraie force publique est dans la
» masse de la nation ; le plus léger mouvement
» de ce poids écraserait tout. Quant à l'armée,

» voyez l'île de Léon, 1er janvier 1820 ; l'armée
» la plus ferme aux frontières, contre des per-
» turbateurs évidens de l'ordre public, dans les
» discussions civiles, le second jour, sera avec le
» peuple. Désormais il faut s'arranger sur cela
» car on ne trouvera plus autre chose.

» Le soldat, soldat aux frontières, peuple
» avec le peuple. »

Il était accusé, sur le premier point, d'atten-
ter à l'ordre de successibilité au trône.

Sur le second, d'exciter à la sédition militaire.

Il commença par déclarer qu'il n'entendait pas
la première accusation. — Que la successibilité
au trône n'était pour rien dans son ouvrage ;
qu'il rendait compte des systèmes et des conséquences des systèmes des autres ; qu'il n'en em-
brassait ni n'en rejetait aucun ; que les droits
successifs aux trônes de tous les pays, en Suède,
en Angleterre, en France, garantis par la loi
positive, lui paraissaient également assurés ;
qu'il n'avait rien à contester ni aux uns, ni aux
autres, qu'il parlait du système d'autrui, et
non pas du sien, par la bonne raison qu'il n'en
avait point sur ce sujet.....

Il répondit sur le second point, par l'exemple
de l'armée française dans les années 1789, 1790,
1791, 1792, 1793 et autres ; par celui de l'Es-

pagne et de Naples, où non seulement *le soldat s'était fait peuple*, mais avait *fait le peuple soldat !* Il assigna l'exemple des gardes anglaises qui viennent de se mutiner deux fois ; il s'étonna qu'on prit l'indication du mal pour le vœu du mal, et finit par déclarer qu'il connaissait et redoutait autant que qui que ce pût être, le danger des coups-de-main militaires dans l'ordre politique. Il lisait à l'avance dans le *Moniteur* du 20 août 1820.

Ces points ont été abandonnés dans l'acte d'accusation dressé par la Cour royale, ainsi qu'un très grand nombre d'autres.

Celle-ci avait prononcé le renvoi devant la Cour d'assises. Sa session commençait le 15 août. M. de Pradt était arrivé le 10, dans un état de santé très pénible, à la suite d'une maladie aiguë de quatre mois, il était fondé à craindre de ne trouver en lui-même aucune force pour soutenir cette épreuve, et pourvoir à sa défense. Cependant il désira et obtint que le jugement eût lieu le 28 août ; il avait imploré l'appui des talens de M. Dupin, dont les succès dans un grand nombre de causes, lui faisaient pressentir celui que cet orateur célèbre pouvait et vient encore obtenir.

INSTRUCTION PRÉPARATOIRE.

L'ouvrage de M. de Pradt intitulé : *De l'affaire de la Loi des élections*, a été publié le 14 juillet 1820.

Le 17, M. le procureur du Roi délivra l'ordre de le saisir, et rendit plainte tant contre l'auteur et l'éditeur que contre les distributeurs de l'ouvrage, en leur imputant d'avoir commis, par la publication de divers passages de l'ouvrage, les délits de provocation et désobéissance aux lois, d'attaques formelles contre l'autorité constitutionnelle du Roi et des Chambres, et d'excitation à la guerre civile.

La procédure se suivit avec la plus grande rapidité; des saisies furent faites chez les libraires Béchet aîné, éditeur ; Jacquinot, Goullet, Delaunay, Gosselin et Ladvocat.

M. Huzard-Courcier, imprimeur du livre, interrogé par M. Leblond, juge d'instruction, déposa que M. de Pradt en était l'auteur, que le manuscrit était de sa main, qu'il l'avait imprimé par l'ordre de M. Béchet aîné, libraire.

Le libraire Béchet déclara qu'il imprimait ordinairement les ouvrages de M. de Pradt, et toujours avec confiance; qu'au surplus de tous ceux qu'il avait imprimés pour lui, il n'en avait jamais lu un seul, pas même celui qu'on lui représentait ; qu'il n'en avait pas le temps, et qu'il n'avait pas le talent nécessaire pour juger du degré de culpabilité que pourrait avoir un ouvrage ; que tout éditeur qu'il était, dès qu'il représentait l'auteur, et que ce dernier offrait des garanties, il se croyait complettement à l'abri.

On lui objecta que le manuscrit n'était pas même signé par M. de Pradt.

Il est tout entier de sa main, répondit M. Béchet, et il ne me démentira pas.

Une commission rogatoire avait été adressée à M. le procureur d'Issoire, dès le 17 juillet, pour faire procéder à l'interrogatoire de M. de Pradt ; arrivée à Issoire le 23, elle fut notifiée le 24 à M. de Pradt, à sa résidence ordinaire, du Breuil ; mais depuis plusieurs semaines, M. de Pradt en était absent, et se trouvait retenu à Allanches, situé à neuf lieues d'Issoire, par une grave maladie.

Dans cet état, la maladie de M. de Pradt et son éloignement ayant empêché de continuer l'instruction, une ordonnance de la Chambre du conseil du tribunal de première instance de la Seine, signée par MM. Dharanguier de Quincerot, vice-président ; Leblond, juge d'instruction ;

Geoffroi, juge : déclara qu'il y avait lieu à suivre contre M. Béchet aîné, qu'il n'y avait lieu à suivre contre les libraires Jacquinot, Goullet, Delaunay, Gosselin, Ladvocat, ni contre l'imprimeur Huzard-Courcier, disjoignit à l'égard de M. de Pradt, pour être statué immédiatement après le retour de l'instruction qui le concernait.

Cependant M. de Pradt, malgré sa maladie, s'était empressé de se rendre aux ordres de la justice. Il était comparu le 28 juillet devant M. Monteil, juge d'instruction à Issoire ; et après avoir reconnu l'ouvrage, après qu'on lui eût communiqué les passages inculpés de son livre et les chefs de prévention qu'on prétendait en induire, il fit la déclaration suivante :

« Ma surprise et ma douleur ont été extrêmes, lorsque j'ai pu voir accuser de provocation à la rébellion, au mépris de l'autorité royale et des Chambres, un ouvrage qui d'un bout à l'autre est un monument de respect pour les lois, la législation, pour l'excellence de la monarchie, et que l'auteur surtout dans le chapitre *de la Dynastie* a cherché à rendre le plus favorable à l'affermissement de cette même dynastie, objet de tous ses vœux.

« Comment supposer une pareille intention, après les articles nombreux où cette même intention ressort de toutes parts sous les caractères les plus marqués ? Comment supposer l'intention d'affaiblir l'autorité du Roi et celle des Chambres à celui qui a consacré des articles si formels pour les établir et les fortifier ? Un homme de quelque sens peut-il être susceptible de pareilles contradictions ? Et à une allégation générale, ne serait-il pas plus que fondé à opposer, comme preuve du contraire, non pas un passage, mais la totalité de l'ouvrage lui-même ?

» Rien n'égale le respect et l'attachement de l'auteur pour les lois de son pays et pour son gouvernement, et plus cette affection provient chez lui de la raison, comme il n'a cessé de le dire dans le cours de l'ouvrage, surtout dans l'article *de la Dynastie*, plus elle est solide. L'auteur écarte donc jusqu'à l'ombre d'une pareille idée ; elle n'a jamais approchée de lui, elle n'en approchera jamais ; en écrivant, il n'a eu pour but que de fortifier ce qu'on lui reproche d'avoir voulu détruire ; ainsi il déclare, quant à l'article page 11, commençant par ces mots : *l'aristocratie*, qu'il n'a pas même entendu la nature de ce reproche. Ce n'est pas de son opinion propre qu'il rend compte, il est bien loin de partager celle qu'il analyse ; il croit l'avoir suffisamment établi dans le passage précédent, lorsqu'il dit : Le côté po-

litique de la rentrée des Bourbons lui avait tota-
lement échappé, et dans lequel il établit la nécessité de la rentrée des Bourbons et la non nécessité
politique de l'aristocratie. L'auteur, dans le chapitre *de la Dynastie*, a dit quelles avaient été les
causes réelles de cette rentrée, mais il n'a jamais
eu à s'occuper de celle de l'aristocratie.

» Dans l'article analysé, comme dans les suivans et précédens, l'auteur rend compte des idées,
du système de l'aristocratie, en ayant soin de
noter, d'après *ses idées, d'après ce système, dans
ce ssystème;* mais c'est le système d'autres et
non le sien, il ne l'approuve pas plus qu'il ne le
partage, il n'en tire aucune conséquence ni pour
ni contre; seulement il rapporte ce que depuis
1814 il n'a cessé d'entendre dire aux aristocrates.
L'auteur, après avoir, dans le temps, contribué,
au péril de sa vie, au rétablissement de la maison
de Bourbon, ne peut pas être soupçonné de
contester, d'examiner leurs droits, ni d'inciden-
ter dessus; il les respecte et les défendrait s'ils
étaient attaqués. Il a déclaré, dans l'article *de
la Dynastie,* que leurs droits étaient la base de la
tranquillité publique de la France, il ne peut
pas oublier dans une partie de l'article ce qu'il a
dit dans l'autre.

» Page 39, à l'alinéa commençant par ces mots :

compterait-elle ? et dans toute la suite de l'article, jusqu'aux mots : *peuple avec le peuple,* l'auteur énumère les ressources de l'aristocratie, et l'on voit bien que son intention n'est pas de l'encourager à compter dessus. Il demande si, en cas qu'elle fût maîtresse du pouvoir, elle pourrait gouverner par la force publique et par l'armée ; il conclut négativement, d'après ce qu'il a établi plus haut, que les résistances que l'aristocratie éprouverait de toutes parts briseraient cette force. La thèse n'est pas générale pour les gouvernemens, ce qui serait séditieux et en même temps contraire à ce que l'auteur a établi mille fois, que force doit toujours rester à la loi ; mais elle est relative à l'aristocratie seule, usant du pouvoir au milieu de résistances générales.

» Quant à l'armée, rien n'a paru plus simple à l'auteur, et plus éloigné de toutes provocations à rébellion militaire, que l'idée qu'il énonce que, dans les dissentions civiles, l'armée passe tout de suite au peuple, et que, dans les grands mouvemens populaires, le même homme qui fait des merveilles aux frontières, dans l'intérieur serait très dangereux. L'auteur croyait avoir suffisamment noté sa pensée par ces mots : *dans les dissentions civiles.* Il n'y a rien dans tout cela qui ait jamais pu lui présenter une idée de provocation à rebellion militaire. L'auteur dit ce qui arrivera, mais il ne dit pas qu'il soit bon que cela arrive. C'est lorsque l'Europe se remplit de ces funestes exemples, que l'auteur énonce un résultat, malheureusement trop probable, mais qui n'implique en aucune façon l'idée d'un vœu né d'un appel. C'est l'exemple de l'armée française sous les yeux, depuis 1789 jusqu'à 1792, ainsi que celui de l'île de Léon, qu'il a parlé. L'armée de Naples vient de vérifier sa pensée, que l'auteur est bien éloigné de donner comme précepte aux soldats, mais qu'il donne au gouvernement comme avis. Hélas ! ses craintes se sont trop réalisées.

» L'auteur a horreur de l'intervention du militaire dans les affaires de la cité. Il y a six ans qu'il ne cesse de demander la diminution de cette masse de militaires, et qu'il annonce qu'on s'en trouvera mal. Il y a quelques jours, on a eu à se défendre, à Londres, des gardes anglaises ; dans trois mois on a eu la douleur de voir deux trônes de la maison de Bourbon attaqués par leurs propres soldats. L'auteur le répète, comme le fonds le plus intime de sa pensée, que bien loin de songer à exciter aux séditions militaires, il les regarde comme le plus mortel poison des états, et l'Histoire lui a trop appris qu'elles étaient la perte des nations et celle de toute liberté.

» L'auteur aurait continué de répondre à ces accusations, et de rejeter le fardeau qu'elles font peser sur son cœur, si l'épuisement complet de ses forces lui permettait de continuer, mais étant malade depuis quatre mois, ayant fait un effort pour témoigner son obéissance et son respect à la justice en se rendant à ses ordre, il est forcé d'interrompre sa défense, se réservant de la reprendre, si tout ce qu'il vient de dire et l'exposition qu'il a faite de ses sentimens dans la composition de l'ouvrage ne pouvaient pas suffire à la justice. »

Cette procédure ayant été renvoyée à Paris, la chambre du conseil rendit, le 2 août, une nouvelle ordonnance par laquelle :

« Considérant que M. de Pradt a reconnu qu'il était l'auteur de cet ouvrage, et qu'il avait été publié par ses ordres ;

» Que les réponses tendantes à protester de la pûreté de ses intentions ne détruisent pas les caractères séditieux qui paraissent exister dans l'ensemble de cet ouvrage, et notamment dans les passages analysés ;

» Que par l'ordonnance du 29 juillet il avait été statué sur les autres prévenus et disjoint à l'égard de M. de Pradt, par le motif que l'instruction à faire par suite de la commission envoyée à Issoire n'était pas encore arrivée ;

« Elle déclara qu'il y avait lieu à suivre contre lui, et le renvoya pardevant M. le procureur-général de la Cour royale, pour être agi à son égard, ainsi que de droit. »

Cette ordonnance est signée par M. Dufour, vice-président; Leblond, juge d'instruction, et Lambert, juge suppléant.

En conséquence de cette ordonnance, et sur le réquisitoire de M. le substitut Amelin, en date du 4 août 1820, la chambre de mise en accusation de la Cour royale a rendu l'arrêt de renvoi suivant.

COUR ROYALE DE PARIS.

ARRÊT DE RENVOI.

La Cour, réunie en la chambre du conseil, M. Amelin, substitut de M. le procureur-général, est entré et a fait le rapport du procès instruit contre M. de Pradt, ancien archevêque de Malines, et François Béchet aîné, libraire.

Le greffier a donné lecture des pièces du procès, qui ont été laissées sur le bureau.

Le substitut a déposé sur le bureau sa réquisition écrite et signée, tendante à ce qu e les susnommés soient renvoyés devant la Cour d'assises de la Seine pour y être jugés suivant la loi, et ledit substitut s'est retiré, ainsi que le greffier.

Il résulte des pièces du procès les faits suivans :

Le 17 juillet 1820, sur le réquisitoire du ministère public, un ouvrage ayant pour titre : *De l'affaire de la Loi des élections*, par M. de Pradt, ancien archevêque de Malines, faisant suite au Petit Catéchisme du même auteur, a été saisi au nombre de neuf exemplaires chez Béchet aîné, de deux chez Delaunay, d'un chez Gosselin, d'un chez Goullet, d'un chez Ladvocat, et d'un chez Jacquinot, tous libraires à Paris.

Le 20 du même mois, l'ordre et le procès-verbal de saisie ont été notifiés aux parties saisies.

L'instruction qui a eu lieu au tribunal de première instance de la Seine, a établi que l'ouvrage saisi a été composé par Dominique de Pradt, ancien archevêque de Malines, qu'il a été imprimé au nombre de mille exemplaires, sur un manuscrit de l'auteur, chez Huzard-Courcier, par les soins de Béchet aîné, qui s'en est rendu l'éditeur et qui l'a distribué et vendu, après dépôt par l'imprimeur du nombre d'exemplaires prescrit par la loi ; enfin, qu'il a été acheté chez Béchet aîné par les cinq autres libraires qui l'ont mis dans la circulation, comme toute autre espèce d'ouvrage.

Par ordonnance du 29 juillet 1820, les premiers juges ont, 1° déclaré qu'il n'y avait lieu à suivre contre l'imprimeur Huzard-Courcier, ni contre les libraires Jacquinot, Delaunay, Ladvocat, Gosselin et Goullet ; 2° prévenu Béchet aîné des délits prévus par les articles 2, 3, 4 et 6 de la loi du 17 mai 1819, 87 et 91 du Code pénal ; 3° sursis à prononcer sur le compte de Dominique de Pradt, alors éloigné de Paris, jusqu'à ce que l'instruction fût complète à son égard.

Par une autre ordonnance en date du 2 août 1820, Dominique de Pradt a été prévenu des délits prévus par les articles 2, 3, 4 et 6 de la loi du 17 mai 1819, 87 et 91 du Code pénal.

La Cour après avoir délibéré, joint les deux causes, et, attendu que de l'instruction résulte prévention suffisante contre Dominique de Pradt, ancien archevêque de Malines, et François Béchet aîné, libraire à Paris, d'avoir, en juillet 1820 : 1° provoqué à la désobéissance aux lois ; 2° commis le délit d'attaque formelle contre l'autorité constitutionnelle du Roi et des Chambres ; 3° provoqué et excité à la guerre civile, en portant les citoyens à s'armer les uns contre les autres, la dite provocation non suivie d'effet, savoir :

Dominique de Pradt, en composant, et Béchet aîné, en publiant comme éditeur, les passages suivans d'un ouvrage imprimé, distribué et vendu et ayant pour titre : *De l'affaire de la Loi des élections* :

Avant-Propos, page 47. « Les rois ne sortent
» point de leur palais sans un cortége propre
» à imposer et à faire ouvrir les rangs ; de
» même la loi ne doit sortir du palais de la législ-
» lation, qu'environnée de tout les attributs qui
» attirent la vénération et l'obéissance : or, est-ce
» ainsi que la loi nouvelle, que cette importante
» loi qui, plus que toute autre, avait besoin de
» cet appui révéré, entre dans le code des Fran-
» çais et leur demande l'adhésion de leur esprit,
» les affections du cœur avec la soumission ex-
» térieure et apparente ? en fut-il jamais une
» dont l'entrée dans le monde fut marquée de
» signes plus funestes. »

Page 5o. « Le parti qui a juré la perte de la
» loi d'élection dès le jour de sa naissance, et
» qui, depuis cette heure, n'a cessé de rugir
» autour d'elle comme autour de sa proie, a saisi
» le joint que la subtilité lui a offert et s'appuyant
» sur une majorité législative obsédée de ter-

» reurs chimériques, qui sont son ouvrage, il a
» remis entre les mains de son nouvel allié, le
» ministère, cette arme vile et faible ; et, ô honte
» éternelle ! elle a suffi pour faire dépouiller le
» peuple français de ses droits et le livrer à
» l'aristocratie. »

Page 52 : « L'Histoire n'offre pas un exemple
» de déception pareille, appliquée à la décision
» du sort d'un peuple.

» Pour compléter toutes ces douleurs, il faut
» de plus qu'une loi aussi capitale ait reçu l'im-
» posante sanction d'une majorité de cinq voix,
» et cela, une heure après avoir été repoussée
» par une majorité contraire d'une voix, et l'on
» appelle cela de la législation, on exige du res-
» pect pour cela ! aussi que doit penser la France
» à la vue de tout cela ! Quelles idées se former
» à l'aspect de ce passsage instantané parmi les
» mêmes hommes de la majorité à la minorité
» et de la minorité à la majorité ? Quels motifs
» de pareilles variations ne donnent-elles pas
» lieu au vulgaire, toujours méfiant, de préter
» à ceux qu'il voit s'y laisser aller, et que ne dit-il
» pas ? Quelle autorité, quel poids porte avec
» elle, dans l'ordre rationnel, une majorité d'une
» voix, de cinq voix, et quelles voix encore !
» comme nous le montrerons tout à l'heure.

» La majorité législative n'est qu'une fiction
» convenue, celle de la représentation de l'opi-
» nion générale dans laquelle la vérité est tou-
» jours supposée résider ; mais comment re-
» connaître et cette opinion générale et cette
» présomption de vérité, lorsque la loi est
» évidemment contraire au vœu de l'opinion
» générale, lorsque la majorité législative ne
» représente plus qu'elle-même, et, ce qui
» achève tout, lorsque la discussion a mis une
» distance immense entre l'opinion triom-
» phante et l'opinion repoussée, et lorsque la
» raison dans toute sa supériorité a prononcé
» en faveur du vaincu contre le vainqueur.

» Il y a toujours un retour du vote émis par
» la majorité législative au tribunal de la ma-
» jorité nationale qui le confirme ou qui l'in-
» firme. Dans ce cas la loi matérielle peut tenir ;
» mais la loi morale n'existe pas. »

Page 67. « J'allais continuer cet examen ;
» j'allais montrer comment la Charte, ce seul
» bien politique des Français, leur avait été
» ravie le 3 juin 1820.

» J'allais démontrer que ce jour le procès fut
» fait à la Charte, et le peuple français con-
» damné aux dépens par la plus indigne super-
» cherie qui fût jamais. »

Page 71. « Le sang français a coulé dans Paris;
» dans l'état où des imprudens ont conduit les
» choses, où peut-il ne pas couler? En quelle
» abondance? et où s'arrêtera cette horrible liba-
» tion? La représentation nationale a été violée
» par le plus infâme guet-à-pens. De vils assas-
» sins ont osé porter la main, vomir les plus dé-
» goûtans outrages, les menaces les plus hor-
» ribles contre les représentans du peuple.

» L'enceinte de la Chambre des Députés
» n'est-elle donc pas aussi sacrée que le palais
» des Tuileries peut l'être? Le prince est invio-
» lable parce qu'il est le premier représentant
» de la nation, et que seul vis-à-vis de tous, il
» a besoin, dans son isolement, de la protection
» d'un plus grand respect. Ce n'est pas le fils
» ou le petit-fils de Henri IV qui est légalement
» sacré, c'est le représentant de la nation. Qui
» donc représentent les députés de la nation?
» Quel spectacle offre tout ceci?

» Les citoyens assaillis par la garde du prince,
» assassinés par ceux qu'ils paient pour les dé-
» fendre! le palais où réside la majesté royale
» changé en château-fort! Grand Dieu! où
» sommes-nous, où nous a-t-on conduits?
» Paris a revu les scènes de Cadix.

» A Paris comme à Cadix, des individus que
» décore un habit qu'ils profanent, imbus d'une
» haine ancienne contre nos institutions, dres-
» sent les soldats qui leur sont confiés pour le
» plus noble usage, à massacrer un peuple sans
» armes. En tout pays ces hommes sont les mê-
» mes, ennemis nés de toute raison, esclaves
» acquis à tous les préjugés, quels qu'ils soient.
» Aussi qu'a besoin le trône de l'entourage d'une
» armée, au milieu d'un peuple sans défense et
» dont la partie armée garantit tout par son zèle
» comme par son nombre ?

» A quoi sert d'ailleurs, qu'empêche cette
» armée le jour où le crime veut agir ? quel
» bras a-t-elle retenu ?

» La France entière saura ces scènes, les res-
» sentira, en sera ébranlée peut-être. Où peut
» nous conduire une crise pareille, après toutes
» celles dont se compose notre existence depuis
» six ans ?... Oui, depuis six ans, tout bonheur
» a fui de la France, tout bonheur en fuira à ja-
» mais, si l'on ne se hâte de suivre ce que, il
» n'y a pas plus de trois mois, j'indiquais comme
» le seul moyen de salut ; le changement com-
» plet de direction du gouvernement et le renvoi
» immédiat, entier, éternel, de tous ceux qui
» nous ont menés au bord de cet abyme avec un

» aveuglement et un entêtement dont jusqu'à
» eux on ne croyait pas l'humanité capable.
» Loin de nous tous ces hommes qui se plai-
» sent à faire de tous les Français des Brutus
» de cabaret! loin de nous tous ces hommes
» qui nous traitent tous de révolutionnaires et
» de conspirateurs! Qu'ils mettent entre notre
» impureté et leur pureté toute la distance qu'ils
» voudront, la plus grande sera toujours la meil-
» leure ; qu'ils s'éloignent d'une terre indigne
» de leurs hautes vertus et ne portant qu'une
» race gangrenée! nous ne sommes point faits
» pour respirer le même air qu'eux. Leur ab-
» sence ne stérilisera pas la France; elle ne fera
» pas plus dessécher son sol que son génie. Sans
» eux la France a commandé à l'Europe ; avec
» eux elle a été commandée par elle. Qu'ils se
» retirent, tous les directeurs d'affaires qui, de-
» puis six ans, ont si bien dirigé celles de la
» France, à la vue de ce qu'une restauration
» a valu à l'Angleterre, à l'Espagne, à la
» France (1)! — Imprudens ! ils ont fait courir

----

(1) « J'ai le droit de parler de la restauration ; j'ai pris trop
» de part à ce grand événement, pour que son résultat ne
» m'affecte pas plus qu'un autre. J'ai eu à sacrifier des affec-
» tions si chères, j'ai reçu tant de reproches à cet égard, que

» le risque de rendre les peuples irréconciliables
» avec ce mot, et leur ont appris par là les ré-
» volutions jusqu'au bout. Qu'ils disparaissent
» ceux qui ne savent qu'environner le trône
» d'une armée plus forte que celle de plusieurs
» états, et de soldats étrangers qui offusquent
» les regards et pèsent sur le cœur des Français!
» qu'ils s'éloignent tous ces courtisans qui , igno-
» rant la France , inconnus d'elle, assiègent le
» trône de terreurs , calomnient la nation au-
» près de lui et l'exposent à être calomnié par
» elle. Ce n'est ni l'amour ni l'honneur de la
» France qui les a ramenés dans son sein , mais
» la soif du commandement, de la fortune, et
» de la vengeance, si elle eût été possible.

» je dois prendre mes sûretés avec l'Histoire. La restauration ,
» contre sa nature, a si mal réussi jusqu'à ce jour, que je
» crois devoir à l'honneur de mon nom de publier, que de-
» puis ma sortie du conseil des souverains , dans lequel fut
» décidé cette restauration, j'ai été éloigné des affaires.

» Je désire que l'on sache, qu'à partir de ce jour 31 mars 1814,
» je n'ai cessé de gémir sur tout ce que je voyais faire, d'en
» prédire les résultats. De tout ce qui a été fait depuis cette
» époque, je ne connais pas trois actes auxquels j'eusse voulu
» donner mon approbation, et encore moins ma signature.

» Je n'ai pas plus erré sur la France que sur l'Amérique et
» sur l'Espagne. »

Corps de l'ouvrage, *page* 253. « Paris a revu
» les dragonnades, Paris a revu les irruptions
» du prince de Lambesc dans les Tuileries.

» Paris a vu faire par des soldats français, ce
» que ne se sont permis, ni ceux de la Prusse,
» ni ceux de la Russie. La capitale de la France
» a vu cent mille de ses habitans dans le cas
» d'être foulés aux pieds des chevaux de la garde
» royale pour une chose qui, en Angleterre,
» n'eût pas mis cent constables en mouvement. »

Délits prévus par les articles 1, 2, 3, 4, et 6
de la loi du 17 mai 1819, et 91 du Code pénal.

Renvoie lesdits Dominique de Pradt et François Béchet, devant la Cour d'assises du département de la Seine, pour y être jugés à la plus
prochaine session, conformément aux dispositions de l'article 13 de la loi du 26 mai 1819.

Maintient la saisie des instrumens de publication.

Ordonne que le présent arrêt sera exécuté à la
diligence du procureur-général.

Fait au Palais de Justice, à Paris, le huit
août mil huit cent vingt, en la Chambre du
Conseil, où siégeaient M. Merville, président;
MM. Pavyot-Saint-Aubin, de Berny, Dehaussy,
conseillers, et M. Godart de Belbœuf, conseiller
auditeur ayant voix délibérative, tous composant

la Chambre d'accusation, et qui ont signé ainsi que le greffier. Signé Hédouin.

L'affaire devant être portée à la plus prochaine session, avait d'abord été indiquée pour être jugée dans la session d'août. L'éloignement du principal prévenu avait déterminé la Cour à la reporter à la session de septembre ; mais M. de Pradt, surmontant les souffrances continuelles qu'il endurait, s'était empressé de se rendre à Paris, où il sollicita et obtint, par ses instances réitérées, d'être jugé le 28 août.

L'audience s'est ouverte à 10 heures, et quoique l'affaire ne fût indiquée que la troisième du rôle, dès le matin, toutes les places disponibles étaient remplies par l'assemblée la plus nombreuse et la plus brillante qu'eût jamais réunie la Cour d'assises, et au dehors une foule nombreuse, qui n'avait pu trouver de place dans l'auditoire, obstruait tous les passages.

M. de Pradt et M. Béchet ont été conduits à la chambre du conseil, où il a été procédé, en leur présence, au tirage des jurés.

Les jurés désignés par le préfet pour la session, étaient MM.

Ballet, passementier, rue St.-Denis, n° 104.

Bauquesne, négociant, rue Beautreillis, n° 14.

Besnard, épicier, rue Mouffetard, n° 1.

Boichard, papetier, rue des Grands-Augus=
tins, n° 7.

Brière, propriétaire, rue St.-Jacques, n° 189.

Caigné, notaire, rue de la Harpe, n° 28.

Chaumet, marchand de sel, rue de la Mortel-
lerie, n° 143.

Cornu Beaufort, propriétaire, rue des Moulins,
n° 10.

Cotelle, libraire, rue neuve des Petits-Champs,
n° 34.

Dehemans de Saint-Félix, propriétaire, quai
de Béthune, n° 26.

Dejean, avocat au conseil, rue de Cléry,
n° 5.

Delahaye jeune, avoué, rue Boucher, n° 8.

Delalain, drapier, rue St.-Honoré, n° 46.

Delaroa, marchand de soieries, rue St.-Denis,
n° 119.

Desmazis, chef de bureau, rue Neuve-des-
Petits-Champs, n° 42.

Favart, instituteur, rue St.-Antoine, n° 212.

Gérard, agent de change, rue de Richelieu,
n° 107.

Gissot, médecin, rue des Moulins, n° 3.

Guibout, avocat au conseil, rue du Gros-
Chenêt, n° 11.

Houel, chef de bureau à la Guerre, rue des Marais, n° 24, faubourg Saint-Germain.

Lecoq, négociant, Vieille rue du Temple, n° 32.

Lefevre, notaire, rue St.-Marc, n° 14.

Lucot, négociant, rue des Singes, n° 1.

Morphy, propriétaire, rue des Vieux-Augustins, n° 34.

Mure, propriétaire, rue Castiglione, n° 3.

Norblin, propriétaire, rue Saint-Honoré, n° 49, résidant à Gentilly.

Parent, propriétaire, rue Geoffroy-Lasnier, n° 28.

Pelletier, épicier, Marché aux Poirées, n° 24.

Pilet, imprimeur, rue Christine, n° 5.

Pourrier, drapier, rue St.-Honoré, n° 3.

Ricou, marchand de bois, rue du faubourg Montmartre, n° 33.

Robine, propriétaire, place Collégiale, n° 4.

Ruinet, propriétaire, cul-de-sac des Feuillantines, n° 3.

Séguin, pharmacien, rue des Bons-Enfans, n° 20.

Sénart, bijoutier, rue Saint-Honoré, n° 203.

Valdruche, agent de snrveillance de la Maison d'accouchement, rue de la Bourbe, n° 3.

Le ministère public a exercée onze récusations, les prévenus douze, et la liste s'est trouvée ainsi réduite à MM.

Norblin,
Pourrier,
Lecoq,
Caigné,
Ricou,
Ballet,
Delahaye, jeune,
Mure,
Robine,
Valdruche,
Brière,
Et Lefevre.

A midi, les affaires précédentes étant terminées, la Cour, composée de MM. Bouchard, président; Crespin de la Rachée, Titon, Hémery, conseillers; Brisson, conseiller auditeur; et de M. de Vatimesnil, substitut du procureur-général, faisant fonction d'avocat-général, est entrée en séance; les jurés ont occupé leurs bancs; M. de Pradt, décoré du grand cordon de la Légion d'honneur, et de la croix archiépiscopale, a traversé l'auditoire, en recueillant sur son passage les témoignages du respect et de l'intérêt qu'il inspirait, et a pris place au parquet sur un fauteuil qui lui avait été destiné ; M. Béchet s'est assis à ses côtés.

M⁹ Dupin l'aîné, avocat défenseur de M. de Pradt, et M⁹ Moret, avocat défenseur de M. Béchet, assistés de M. Coche, leur avoué, se sont placés au barreau.

Le président à M. de Pradt : Quels sont vos noms, prénoms, profession, âge et demeure ?

M. de Pradt : Dominique de Pradt, ancien archevêque de Malines, grand'croix de l'ordre royal de la Légion d'honneur, âgé de soixante-deux ans, né à Allanche, département du Cantal, demeurant à Paris, grand hôtel de Richelieu, rue Neuve-Saint-Augustin.

La même question est faite à M. Béchet, qui répond se nommer François Béchet, libraire, âgé de quarante-deux ans, né à Naftel, département de la Manche ; demeurant à Paris, quai des Augustins, n⁰ 57.

Le président reçoit le serment des jurés et rappelle aux défenseurs les devoirs que la loi leur impose.

Le greffier donne lecture de l'arrêt de renvoi.

Le président aux prévenus : Vous connaissez les charges qui s'élèvent contre vous, soyez attentifs à ce que vous allez entendre.

M. de Pradt, sur l'interpellation de M. le

président, reconnaît le manuscrit de l'ouvrage inculpé.

M. *de Vatimesnil*, faisant fonction d'avocat-général, a la parole et dit :

Messieurs les jurés,

Dans la plupart des causes qui vous sont soumises, la considération de la personne de l'accusé est d'une haute importance. Un homme est traduit devant vous, comme auteur d'un fait criminel ; il le nie : il est naturel de scruter sa vie passée et de se retracer les sentimens qu'il a manifestés, pour apprécier la probabilité ou l'invraisemblance des inculpations dont il est l'objet.

Mais ce que nous venons de dire n'a nulle application aux préventions des délits de la presse. Là, le fait est toujours constant, car ce fait n'est autre chose que la publication de tel livre par telle personne. La question est de savoir si cet ouvrage rentre dans un des cas prévus par la loi ; et les antécédans de la vie de l'auteur, ne sont en aucune manière, les élémens de solution de cette difficulté.

Cette vérité est d'autant plus certaine, que les écrivains séditieux peuvent différer beaucoup sous le rapport du caractère et de la position sociale.

Les uns sont d'audacieux démagogues prêts à prendre part à la révolte qu'ils excitent. Aujourd'hui ils ont à la main l'écrit incendiaire, demain ce sera l'étendard de la rébellion. Nous n'avons pas besoin de dire que nous n'avons devant nous personne qui ressemble à ce portrait.

D'autres provocateurs sont placés dans une sphère plus haute.

Des motifs personnels, tels que l'habitude du calme ou la crainte de compromettre une existence élevée, les empêcheront, du moins dans les temps ordinaires, de prendre une part active au désordre.

Mais il convient à leurs sentimens et à leurs desseins de pousser la multitude à des actions auxquelles il leur répugnerait de coopérer eux-mêmes.

Ces hommes sont agités de violentes passions politiques ; qu'elles soient nées de l'ambition trompée, d'un amour excessif de la célébrité, ou d'un ressentiment exagéré contre des attaques qui ont offensé une susceptibilité extrême, peu importe dès qu'elles existent.

Le propre de toute affection ardente est de chercher à se communiquer, de répandre au-dehors les sentimens dont on est animé, et de les faire partager aux autres. Ainsi un écrivain est pénétré d'une horreur invincible pour nos institutions ou quelques-unes de nos institutions ; il est dévoré d'une haine irréconciliable envers telle classe de la société : il emploiera tous ses efforts, toute sa dialectique, toute son éloquence, pour faire des prosélytes et pour monter les âmes de ses lecteurs au ton de la sienne. Voilà la nature humaine.

Si l'ouvrage composé dans cet esprit cause un grand dommage, comme la chose est à peu près infaillible, on sera très fondé à croire que l'écrivain avait désiré ce résultat, mais du moins, il sera incontestable qu'il l'avait prévu. Il est impossible qu'il n'ait pas mesuré à l'avance tout le danger de la séduction. Les sentimens qui l'agitaient, en écrivant, l'avertissaient de ceux que ses pensées et ses expressions, comme un levain funeste, feraient fermenter dans l'âme de ses lecteurs ; malgré cette prévoyance, les passions l'ont emporté, et le livre a paru. Chacun de vous se dit, Messieurs, que nul motif étranger à l'ouvrage ne peut excuser l'écrivain ; il a causé du préjudice, il l'a causé avec connaissance ; il est coupable.

Le personnel de l'auteur et le plus ou moins d'estime qu'il peut se croire fondé à revendiquer sont donc des considérations à peu près indifférentes dans ces sortes de causes. Les grands moyens de décision , les seuls dignes de vous , Messieurs, sont : le livre, son but, son esprit, les circonstances dans lesquelles il a paru.

Ainsi , Messieurs , nous ne nous occuperons en aucune manière de la personne de l'écrivain, à moins que l'on ne nous y force , et nous croyons que l'on aurait tort de le faire, car en supposant que vous trouvassiez de l'élévation dans cette personne ; d'une part , l'ouvrage vous paraîtrait plus dangereux à raison du poids que pourrait y ajouter cette circonstance , et de l'autre la transgression des devoirs de sujet et de citoyen vous semblerait plus inexcusable.

Ainsi, encore une fois, le livre est l'unique objet de notre animadversion; nous ne vous parlerons que du livre. Rigueur infléxible envers l'écrit, égards et ménagemens envers l'homme ; voilà la règle de nos procédés.

Des trois questions que vous aurez à juger , et qui dérivent de faits que nous ne rappellerons pas , attendu qu'ils sont suffisamment exposés dans l'arrêt de renvoi , deux sont des questions de provocations; la troisième , une question d'attaque assimilée à des provocations.

Parlons d'abord des provocations , et occupons-nous de quelques considérations générales.

sur ce genre de délit. Cherchons quels ont été les motifs qui ont présidé à l'établissement des lois sur les provocations.

Ce serait en vain que la sagesse humaine, dans toute sa plénitude, s'épuiserait pour faire à une nation l'inestimable présent d'institutions utiles et protectrices, si des mains impies ou imprudentes avaient le pouvoir de détruire impunément cet ouvrage. Il ne suffit pas de construire l'édifice social, il faut le fortifier. Les lois pénales, c'est-à-dire les rigueurs dont la société menace ceux qui travailleraient à renverser ses institutions, voilà le boulevard qu'elle élève pour protéger son organisation. Dans tous les pays où la législation est prévoyante et complète, ces lois sont de deux espèces, et forment une double barrière contre le désordre et la révolte.

Les unes sévissent contre ceux qui, par des actions coupables, ont porté une atteinte matérielle à l'ordre public ;

Les autres étendent leur sollicitude plus loin ; leur objet est de prévenir les atteintes matérielles que les premières frappent de punition. Elles concilient par là l'intérêt social avec tous les sentimens d'humanité ; *l'intérêt social,* car il vaut mieux parer les coups qu'on pourrait lui porter, que d'avoir à venger sa cause, après qu'il les a reçus. *Les sentimens d'humanité*, car ces lois, beaucoup moins sévères en général que celles de la première espèce, tendent à dispenser la justice de prononcer des châtimens terribles, au moyen de l'application de châtimens modérés faite judicieusement et en temps utile. Ainsi les lois que nous venons de distinguer, sont également des lois pénales, mais des lois pénales de deux ordres différens :

Les unes destinées à châtier tout acte qui est en lui-même une agression contre la société ;

Les autres destinées à châtier ce qui n'est pas une agression, mais ce qui a pour effet naturel d'y conduire.

Les lois sur les provocations appartiennent à cette dernière classe. Une provocation par elle-même ne cause pas de dommage au corps politique ; elle ne trouble pas l'harmonie sociale ; ce ne sont que des paroles dont le souffle ne renverse et ne dérange rien dans l'ordre physique.

Mais les provocations changent les esprits, agitent les imaginations, pervertissent les cœurs. Nos actions sont l'effet de nos opinions et de nos sentimens ; en dénaturant les unes, en bouleversant les autres, les provocations deviennent la source d'actions criminelles qui , sans ce déplorable véhicule, n'auraient jamais eu lieu.

Le législateur a donc dû faire ce calcul à la fois sage et paternel. « Pour éviter, autant que » possible, d'appliquer des peines très graves » aux crimes qui sont les suites de provoca- » tions, empêchons qu'il n'y ait des provoca- » tions, en effrayant les provocateurs par des » peines suffisantes pour les contenir, et pour- » tant moins sévères que celles qui suivraient » un crime. »

Ainsi , dans l'intérêt de tous les amis de la tranquillité , dans l'intérêt même des esprits inquiets et ardens , dont les passions pourraient être excitées par des provocations, il faut sévir contre les provocateurs , quels qu'ils soient , et quelques moyens qu'ils aient employés.

Nous disons , *quelques moyens qu'ils aient employés*, et cette réflexion nous conduit à examiner ce qui constitue la provocation.

Provoquer à telle action , c'est faire naître le désir de la commettre. Mille chemins différens conduisent à ce but; on emploie tantôt plus d'audace, tantôt plus d'artifice, tantôt les ressources d'un talent plus séduisant; mais au milieu de ces nombreuses variantes, il y a deux points qui demeurent fixes et que l'on aperçoit

(46)

toujours. Le premier est l'intention de l'auteur
de la provocation, d'agir sur l'esprit de ses concitoyens, de manière à les exciter au mal ; le
deuxième est l'impression produite sur eux par
la provocation. En d'autres termes, celui-là est
le désir de nuire, celui-ci est le dommage
causé.

Or, le désir de nuire et le dommage causé
sont précisément et uniquement ce qui constitue
un délit. Il suit de là que les différences de forme
qui existent entre les provocations, ne changent
en rien leur criminalité. Dès que l'on a voulu
exciter et que l'on a excité en effet, peu importe
de quels stimulans on s'est servi. Voilà, Messieurs, pourquoi la loi actuelle a supprimé toute
distinction entre les provocations et a dégagé
les discussions judiciaires d'éternelles arguties
sur les provocations directes et les provocations
indirectes. Ces mots ne se trouvent pas dans la
loi, et ce n'est pas par inadvertance qu'ils en ont
été bannis ; le législateur a exprimé l'intention
formelle d'en abolir l'usage.

« Les discours, les écrits, ont dit les orateurs
du Gouvernement et les rapporteurs, excitent ou
n'excitent pas. S'ils excitent, ce sont des provocations qui vont également droit au but, soit que
l'on ait employé tel tour de phrase ou tel autre,

auxquels il serait par conséquent chimérique d'appliquer la division en directe et indirecte ; s'ils n'excitent pas, on ne peut y voir de provocation d'aucune espèce. »

A quels signes reconnaîtra-t-on donc une provocation ? La loi, d'après le système que nous venons d'exposer, n'a pu dire qu'elle résulterait de telles ou telles expressions, et l'on conçoit que des milliers d'articles n'auraient pas suffi pour prévoir tous les cas possibles.

« Le moyen de décision pour les jurés, continuent les orateurs du Gouvernement et les rapporteurs, c'est de descendre en eux-mêmes, et de se rendre compte, avec cette bonne foi qui doit trouver la vérité, parce qu'elle la cherche ardemment, de l'impression que les discours ou les écrits inculpés ont produite sur les esprits. Les discours ou les écrits ne sont provocateurs que parce qu'ils opèrent chez les auditeurs ou les lecteurs, un ébranlement qui influe sur leur volonté. Le juré doit donc se dire : Ai-je senti un ébranlement qui pourrait me porter au mal, si j'étais dans une autre situation civile, si je faisais partie de cette multitude ignorante ou passionnée pour laquelle les hommes de parti parlent et écrivent, et qu'ils considèrent comme la matière première de la sédition ? Selon que la

réponse à cette question est affirmative ou négative, l'auteur est coupable ou innocent. »

Maintenant que nous avons établi les principes
généraux en matière de provocation, descendons
à ceux qui sont particuliers à chacune des deux
espèces de provocation dont il s'agit au procès.

La première est la provocation à la désobéissance aux lois. Il est nécessaire de se faire une
idée nette de ce genre de délit.

En prenant le mot provocation à la désobéissance aux lois dans un sens étendu, il pourrait
comprendre la provocation à la rébellion et
même à toute espèce de crime ou délit, car se
révolter, se rendre coupable d'un crime ou d'un
délit, c'est désobéir aux lois. Cependant il est
manifeste que ce n'est pas là le sens légal des
mots provocation à la désobéissance aux lois ;
car il y a un article spécial pour les provocations
au crime, c'est l'art. 2 ; un article spécial pour
la provocation au délit, c'est l'art. 3 ; et enfin un
article spécial pour la provocation à la désobéissance aux lois, c'est l'art. 6.

Ainsi la provocation à la désobéissance aux
lois est tout autre chose que la provocation,
soit au crime, soit au délit. Cherchons donc
quel est son caractère.

L'obéissance aux lois est de deux sortes. L'une

est volontaire, c'est celle d'un bon citoyen et d'un sujet fidèle; c'est l'hommage pur et spontané que l'on rend à la puissance des lois, en gardant leurs commandemens lors même que l'on pourrait les enfreindre.

L'autre est une obéissance servile; elle est le produit de la contrainte, et elle cesse dès que la contrainte vient à cesser.

Il est clair que l'obéissance volontaire est la seule qui soit compatible avec le bon ordre; car si toutes les classes d'une nation n'avaient aujourd'hui pour les lois qu'une obéissance servile, certainement demain elles en secoueraient absolument le joug.

Concluons de là que détruire l'obéissance volontaire pour ne laisser subsister que l'obéissance servile, c'est provoquer à la désobéissance.

Maintenant, comment détruit-on l'obéissance volontaire? Cette obéissance n'ayant d'autres fondemens que l'amour pour les lois, la confiance dans les lois, le respect pour les lois, en anéantissant cet amour, cette confiance, ce respect, on fait disparaître l'obéissance volontaire.

Cette doctrine, Messieurs, ne peut être combattue pour la défense de l'ouvrage saisi; car elle est consignée en termes formels dans cet ouvrage même.

4

Page 47 de l'Avant-Propos.

« Partout où l'on fait des lois, il devrait être
» écrit en lettres d'or : *Avant tout, respect à la
» loi.* Les rois ne sortent point de leurs palais
» sans un cortége propre à imposer et à faire
» ouvrir les rangs ; de même la loi ne doit sortir
» du palais de la législation qu'environnée de
» tous les attributs qui attirent la vénération et
» l'obéissance. Or, est-ce ainsi que la loi nou-
» velle, que cette importante loi qui, plus que
» toute autre, avait besoin de cet appui révéré,
» entre dans le Code des Français et leur de-
» mande l'adhésion de leur esprit, les affections
» du cœur avec la soumission extérieure et appa-
» rente ? En fut-il jamais une dont l'entrée dans
» le monde fût marquée de signes plus funestes ?»

Voici l'enchaînement très juste des idées.

« Les lois, comme les monarques, ont besoin
d'être respectées. »

« Si elles ne le sont pas, elles n'obtiennent
ni l'adhésion de l'esprit, ni les affections du
cœur, mais seulement une soumission extérieure
et apparente. »

« Dès lors il ne peut y avoir obéissance véritable et proprement dite. »

Prenons ces maximes de l'accusé, pour moyen
de décision contre l'accusation et contre lui.

Page 5o. « Le parti qui a juré la perte de la loi
» d'élection dès le jour de sa naissance, et qui,
» depuis cette heure, n'a pas cessé de rugir autour
» d'elle comme autour de sa proie, a saisi le joint
» que la subtilité lui a offert, et s'appuyant sur une
» majorité législative obsédée de terreurs chimé-
» riques qui sont son ouvrage, il a remis entre les
» mains de son nouvel allié, le ministère, cette
» arme vile et faible, et, ô honte éternelle, elle
» a suffi pour faire dépouiller le peuple français
» de ses droits, et le livrer à l'aristocratie ! »

Page 52. « Pour compléter toutes ces douleurs,
» il faut de plus qu'une loi aussi capitale ait reçu
» l'imposante sanction d'une majorité de cinq
» voix, et cela une heure après avoir été repoussé
» par une majorité contraire d'une voix ; et l'on
» appelle cela de la législation, on exige du
» respect pour cela ! Aussi, que doit penser la
» France, à la vue de tout cela ? Quelles
» idées se former à l'aspect de ce passage in-
» stantané parmi les mêmes hommes, de la
» majorité à la minorité, et de la minorité à la
» majorité ? Quels motifs de pareilles variations
» ne donnent-elles pas lieu au vulgaire, toujours
» méfiant, de prêter à ceux qu'il voit s'y laisser
« aller, et que ne dit-il pas ? Quelle autorité,
» quel poids porte avec elle, dans l'ordre ration-
» nel, une majorité d'une voix, de cinq voix,

» et quelles voix encore, comme nous le mon-
» trerons tout à l'heure.

» La majorité législative n'est qu'une fiction
» convenue, celle de la représentation de l'opi-
» nion générale, dans laquelle la vérité est tou-
» jours supposée résider; mais comment re-
» connaître et cette opinion générale et cette
» présomption de vérité, lorsque la loi est
» évidemment contraire au vœu de l'opinion
» générale, lorsque la majorité législative ne
» représente plus qu'elle même, et ce qui achève
» tout, lorsque la discussion a mis une distance
» immense entre l'opinion triomphante et l'opi-
» nion repoussée, et lorsque la raison dans
» toute sa supériorité a prononcé en faveur du
» vaincu contre le vainqueur. »

» Il y a toujours un retour du vote émis par
» la majorité législative, au tribunal de la majo-
» rité nationale qui le confirme ou qui l'infirme.
» Dans ce cas, la loi matérielle peut tenir, mais
« la loi morale n'existe pas. »

Page 67. » J'allais continuer cet examen;

» J'allais montrer comment la Charte, ce seul
» bien politique des Français, leur avait été ra-
» vie le 3 juin 1820;

» J'allais démontrer que ce jour, le procès fut
» fait à la Charte et le peuple français condamné

» aux dépens par la plus indigne supercherie
» qui fut jamais. »

Messieurs, les raisonnemens sont ici presque superflus ; car, ainsi que nous l'avons établi, il ne s'agit que de vous rendre compte d'une impression, de porter votre attention sur l'ébranlement que vous avez éprouvé, et par là, de mesurer celui que peut ressentir la masse des lecteurs qui n'a ni votre instruction, ni votre expérience, ni autant d'attachement que vous aux devoirs du citoyen.

La tâche du ministère public se borne donc, après vous avoir lu ces passages, à recommander de nouveau à notre attention les expressions les plus saillantes dont une partie aurait pu vous échapper dans une lecture rapide.

Ainsi, vous voudrez bien graver dans votre mémoire que, d'après le livre saisi :

« Il n'a jamais existé de loi dont l'entrée
» dans le monde fût marquée de signes plus
» funeste, que celle de juin, sur les élections. »

« Qu'elle a dépouillé le peuple français de
» ses droits, et l'a livré à l'aristocratie. »

« Qu'elle est contraire au vœu de l'opinion
» générale. »

« Que la raison, dans toute sa supériorité,
·» s'est prononcée contre ceux qui la soute-

» naient, et en faveur du parti qui la com-
» battait. »

« Que la Charte a été ravie aux Français
» le 3 juin (jour ou l'article premier de cette
» loi a été voté), que la loi *matérielle* existe,
» mais que la loi *morale* n'existe pas. »

C'est vous maintenant, Messieurs, qui vous demanderez à vous-mêmes, avec bonne foi, si une loi que l'on peint comme contraire à l'opinion générale et à la raison, une loi dont l'apparition dans le monde aurait été marquée des signes les plus funestes, pourrait jamais rencontrer ce respect, cette adhésion d'esprit, cette affection du cœur, qui sont représentés dans l'ouvrage saisi comme les conditions essentielles de l'obéissance?

Si les Français ne serait pas excusables de désobéir à une loi qui les dépouillerait de leurs droits

Si ce ne serait pas même un devoir pour eux de repousser une loi qui *leur aurait ravi la Charte,* de la repousser par le généreux effort d'un refus unanime de lui obéir? Nous avons juré la Charte, nous l'aimons, et nous ne pouvons séparer notre attachement pour elle de notre dévouement au trône légitime. Le maintien de la Charte, comme celui du trône, sont pour nous des besoins du premier ordre ; défendre le trône et la Charte, voilà des devoirs qui sont au plus haut degré dans l'échelle des obligations sociales, et qui imposent silence à tous les autres.

S'il était vrai que la Charte nous fût ravie par une loi violatrice de l'arche d'alliance entre le Roi et son peuple, la désobéissance à cette loi serait une vertu digne de couronnes civiques.

Ainsi, quand on allègue faussement qu'une loi brise et détruit la Charte, on excite à désobéir à cette loi. Enfin (et ici l'évidence s'accroît encore, s'il est possible), qu'est-ce qu'un acte du pouvoir législatif dans lequel

La loi matérielle existe,

Mais la loi morale n'existe pas ;

C'est un commandement que l'on observera, tant que l'on y sera contraint, mais auquel on cessera d'obéir dès que l'on sera libre de le faire.

C'est une chaîne que l'on brisera, non-seulement sans remords, mais avec joie, avec cette satisfaction intérieure que donne le témoignage d'une conscience tranquille ?

Sous le sceptre de la tyrannie, il existe des lois matérielles, c'est-à-dire des ordres émanés du caprice du maître ; jamais de lois morales, c'est-à-dire de lois protectrices, auxquelles les sujets doivent un amour pur et spontané; aussi désobéit-on aux lois de la tyrannie dès qu'on le peut sans péril, et se fait-on même gloire de leur être rebelle.

Persuader aux citoyens que la loi *matérielle* existe *sans la loi morale,* c'est donc une puissante excitation à la désobéissance.

Les principes que nous avons exposés simplifieront notre tâche relativement à la deuxième espèce de provocation, qualifiée par l'arrêt de renvoi ; nous voulons parler de la provocation à la guerre civile, en *excitant les citoyens à s'armer les uns contre les autres.*

Nous abordons cette deuxième partie de notre discussion.

Les guerres civiles sont rarement produites par des intérêts réels.

L'Histoire nous apprend que des passions violentes et irréfléchies les font ordinairement éclore.

La haine qui voudrait anéantir l'objet auquel elle s'attache.

Le ressentiment qui croit toute vengeance légitime.

La peur qui s'imagine voir un ennemi prêt à frapper, qu'il faut se hâter de prévenir.

Voilà les causes de ces déplorables fureurs qui arment les citoyens, les amis, les frères, les uns contre les autres, et qui ne prennent fin que par l'extermination des vaincus, les remords et l'opprobre du vainqueur.

S'efforcer de faire naître ces affections terribles et de les porter à un haut degré d'exaltation, c'est donc provoquer à la guerre civile.

Si à ces moyens d'entraînement on en ajonte deux autres,

Le premier de représenter le système suivi par le Gouvernement comme intolérable;

Le second, d'annoncer, par une sinistre prophétie, comme infaillibles les troubles que l'on veut exciter;

N'est-il pas vrai que, dans la supposition que le livre soit lu et qu'il persuade, l'exaspération sera portée à son comble, et que les citoyens prêts à se ranger autour du drapeau sanglant des factions, n'attendront plus que le moment où le tocsin leur en donnera le signal?

Tous ces fermens de guerre civile, Messieurs, nous les trouverons dans deux des passages de l'écrit saisi.

Page 71 de l'Avant-Propos.

« Le sang français a coulé dans Paris; dans l'é-
» tat où des imprudens ont conduit les choses,
» où peut-il ne pas couler? En quelle abondance
» et où s'arrêtera cette horrible libation? La re-
» présentation nationale a été violée par le plus

» infâme guet-à-pens ; de vils assassins ont osé
» porter la main , vomir les plus dégoûtans ou-
» trages, les menaces les plus horribles, contre les
» représentans du peuple !

» L'enceinte de la Chambre des Députés n'est-
» elle donc pas aussi sacrée que le palais des
» Tuileries peut l'être ? Le Prince est inviolable,
» parce qu'il est le premier représentant de la
» nation , et que seul vis-à-vis de tous , il a be-
» soin dans son isolement de la protection d'un
» plus grand respect. Ce n'est pas le fils ou le
» petit-fils de Henri IV, qui est légalement sacré ,
» c'est le représentant de la nation. Qui donc re-
» présentent les députés du peuple ?

» Quel spectacle offre tout ceci !

» Les citoyens assaillis par la garde du Prince ,
» assassinés par ceux qu'ils paient pour les dé-
» fendre !...... Le palais où réside la majesté
» royale , changé en château fort !...

» Grand Dieu ! où sommes - nous, où nous
» a-t-on conduits !

» Paris a revu les scènes de Cadix.

» A Paris, comme à Cadix, des individus que
» décore un habit qu'ils profanent, imbus d'une
» haine ancienne contre nos institutions, dres-
» sent les soldats qui leur sont confiés pour le plus
» noble usage , à massacrer un peuple sans armes.

» En tous pays ces hommes sont les mêmes : en-
» nemis nés de toute raison, esclaves acquis à tous
» préjugés quels qu'ils soient. Aussi qu'a besoin
» le trône de l'entourage d'une armée, au milieu
» d'un peuple sans défense et dont la partie ar-
» mée garantit tout par son zèle comme par
» son nombre ?

» A quoi sert d'ailleurs, qu'empêche cette
» armée, le jour où le crime veut agir ? Quel
» bras a-t-elle retenu ?

» La France entière saura ces scènes, les ressen-
» tira, en sera ébranlée peut-être... Où peut nous
» conduire une crise pareille, après toutes celles
» dont se compose notre triste existence depuis
» six ans...! Oui, depuis six ans, tout bonheur a
» fui de la France, tout bonheur en fuira à jamais
» si l'on ne se hâte de suivre ce que, il n'y a pas
» plus de trois mois, j'indiquais comme le seul
» moyen de salut : *le changement complet de la*
» *direction du Gouvernement et le renvoi immé-*
» *diat, entier, éternel de tous ceux qui nous ont*
» *menés au bord de cet abyme avec un aveuglement*
» *et un entétement dont jusqu'à eux on ne croyait*
» *pas l'humanité capable.* Loin de nous, tous ces
» hommes qui se plaisent à faire de tous les Fran-
» çais des complices d'un *Brutus de cabaret ;* loin
» de nous tous ces hommes qui nous traitent tous

» de révolutionnaires et de conspirateurs ; qu'ils
» mettent entre notre impureté et leur pureté
» toute la distance qu'ils voudront, la plus gran-
» de sera toujours la meilleure ; qu'ils s'éloignent
» d'une terre indigne de leurs hautes vertus, et ne
» portant qu'une race gangrénée ; nous ne sommes
» pas faits pour respirer le même air qu'eux ; leur
» absence ne stérilisera pas la France, elle ne fera
» pas plus dessécher son sol que son génie ; sans
» eux, la France a commaudé à l'Europe ; avec
» eux, elle a été commandée par elle ; qu'ils se re-
» tirent, tous les directeurs d'affaires, qui depuis
» six ans ont si bien dirigé celles de la France, à
» la vue de ce qu'une restauration a valu à l'An-
» gleterre, à l'Espagne, à la France (1) ! Impru-
» dens ! ils ont fait courir le risque de rendre les
» peuples irréconciliables avec ce mot, et leur
» ont appris par là à pousser les révolutions jus-
» qu'au bout ! Qu'ils disparaissent, ceux qui ne
» savent qu'environner le trône d'une armée plus
» forte que celles de plusieurs états, et de soldats
» étrangers qui offusquent les regards et pèsent
» sur le cœur des Français. Qu'ils s'éloignent tous
» ces courtisans qui, ignorant la France, incon-
» nus d'elle, assiègent le trône de terreurs, calom-

---

(1) Voyez la note, page 31.

» nient la nation auprès de lui et l'exposent à être
» calomnié par elle; ce n'est ni l'amour, ni l'hon-
» neur de la France, qui les a ramenés dans son
» sein, mais la soif du commandement, de la for-
» tune et de la vengeance, si elle eût été possible.
Page 243 de l'Ouvrage.

« Paris a revu les dragonnades.

» Paris a revu les irruptions du prince de
» Lambesc dans les Tuileries.

» Paris a vu faire par des soldats français ce
» que ne se sont permis ni ceux de la Prusse, ni
» ceux de la Russie. La capitale de la France a
» vu cent mille de ses habitans dans le cas d'être
» foulés aux pieds des chevaux de la garde royale,
» pour une chose qui, en Angleterre, n'eût pas
» mis cent constables en mouvement. »

Nous disons, Messieurs, que ces deux morceaux très étendus, ainsi que vous le voyez,
tendent à armer la masse du peuple contre deux
classes de la nation, contre les troupes et contre
ces malheureux Français qui, revoyant leur
patrie après un long exil, y ont trouvé tant de
sujets de regrets et de douleur, dont ils ont fait
aussitôt à l'intérêt public le magnanime sacrifice,
que, comme nous l'avons annoncé, on a marché
vers ce but, en appelant à son aide la haine, le
ressentiment et la peur; en peignant le Gouver-

nement sous des couleurs odieuses, et en prophé-
tisant l'évènement que l'on veut amener. D'abord,
n'est-ce pas exciter la haine contre les émigrés et
les soldats, que d'en parler comme on le fait ici ?

Les premiers sont décorés *d'un habit qu'ils
profanent ; ils sont ennemis nés de toute raison,
esclaves acquis à tous les préjugés , quels qu'ils
soient. Sans eux la France a commandé à l'Europe ; avec eux elle a été commandée par elle. Ils
ont fait courir le risque de rendre les peuples irréconciliables avec le mot restauration , et leur ont
appris à pousser les révolutions jusqu'au bout. Ce
n'est ni l'amour ni l'honneur de la France qui
les a ramenés dans son sein , mais la soif du
commandement, de la fortune et de la vengeance.*

Nous n'éprouvons, Messieurs , le besoin de
nous livrer à aucun commentaire, mais uniquement celui de nous arrêter un moment, pour
gémir avec vous de voir des Français attaqués
avec cette virulence dans un ouvrage français ! de
voir qu'on leur impute (est-ce bien à eux que ce
reproche est adressé) d'avoir appris aux peuples
à pousser les révolutions jusqu'au bout, de même
qu'on leur imputait, au début de la révolution ,
d'incendier leurs propres châteaux ! de voir enfin
que l'on a la cruauté d'accuser d'une soif insa-
tiable de fortune ceux qui ont sacrifié la leur
tout entière à l'accomplissement d'un devoir !

Quant aux soldats , ils sont représentés comme inutiles. *Qu'a besoin le trône de l'entourage d'une armée ?*

Il y a plus, ils méconnaissent leurs devoirs et leurs sermens.... *Qu'empéche l'armée le jour où le crime veut agir ? quel bras a-t-elle retenu ?*

Ah ! que certains écrivains , quand ils jettent en avant ces motifs de défiance contre l'armée , voudraient bien être crus sur parole ! que leur joie serait grande, si le Gouvernement, assez insensé pour suivre leurs conseils, se privait de ce salutaire appui ! Mais non, qu'ils se désabubusent ! le Prince continuera à honorer l'armée de sa confiance, et l'armée à être fidèle au Prince. Les évènemens du mois de juin sont, d'un côté, une leçon, de l'autre, un gage pour l'avenir.

A l'aiguillon de la haine, on ajoute celui du ressentiment en peignant sous les plus fausses couleurs des évènemens récens.

On représente *les citoyens assaillis par la garde du Prince , assassinés par ceux qu'ils payent pour les défendre ; des soldats français faisant ce que ne se sont permis ni ceux de la Prusse , ni ceux de la Russie.... Paris,* dit-on , *a revu les dragonnades ; il a revu les scènes de Cadix.... A Paris comme à Cadix des individus que décore un habit qu'ils profanent , animés d'une haine ancienne contre nos institutions, dressent les soldats qui leur sont confiés pour un plus noble usage, à massacrer un peuple sans armes.*

Ainsi la loyauté de nos militaires est attaquée par des accusations d'assassinats, et d'assassinats prémédités, avec l'atrocité la plus exécrable , puisque leurs officiers les dresseraient à massacrer un peuple sans armes. Nos troupes françaises (ô honte!) sont peintes comme plus farouches et plus hostiles envers nous que les cohortes de l'étranger !

Si ces imputations étaient vraies, combien le ressentiment serait naturel et combien la vengeance serait excusable! Combien par conséquent la guerre civile serait près de nous !

Mais non , tout est faux dans ce tableau hideux autant que fantastique, et c'est ainsi que la calomnie vient au secours de la sédition.

Bientôt une procédure solennelle fera connaître à la France et à l'Europe entière si ce furent des assassins , que ceux dont le courage aussi calme et aussi généreux que ferme et inébranlable, étouffa la révolte et assura la liberté des délibérations.

Mais vous, Messieurs, vous n'avez pas besoin du résultat de cette épreuve judiciaire, pour asseoir votre opinion; tous vous fûtes témoins des attentats du mois de juin. Paris les a jugés comme la postérité les jugera ; il a admiré la longanimité de ces braves régimens qui, pendant si long-temps, n'opposèrent aux invectives, aux menaces, aux voies de fait, que l'invitation adressée aux séditieux d'obéir à la loi en se dispersant, et qui n'employèrent la force que quand ils eurent acquis la conviction de l'urgente nécessité de ce triste et dernier remède.

Cherchez, Messieurs, le but que l'on peut se proposer en présentant ces hommes d'honneur comme des monstres altérés de sang, et voyez si vous pourrez en découvrir un autre que celui signalé par l'arrêt de renvoi.

Nous avons dit que le motif de la peur était aussi mis en œuvre.... « Le sang français a » coulé dans Paris ; dans l'état où des imprudens » ont conduit les choses, où peut-il ne pas cou- » ler ? en *quelle abondance* et *où* s'arrêtera cette « horrible libation ? »

Ainsi l'on dit aux Français : ce qui s'est fait n'est qu'un prélude. Paris a été ensanglanté ; toute la France le sera.

Vous avez à gémir de quelques meurtres ; vous en aurez à déplorer un nombre immense. N'est-ce pas comme si l'on avertissait chacun qu'il doit songer à sa sûreté personnelle, qu'il est dans le cas de légitime défense, que toute ressource lui est permise pour dérober sa tête au fer que l'oppression et la barbarie tiennent suspendu sur elle ?

Voyez actuellement, Messieurs, de quelle manière on ajoute à l'activité de ces fermens de discorde en excitant, comme nous l'avons annoncé, le mécontentement des sujets du Roi contre son gouvernement.

« Oui, dit-on, depuis six ans *tout bonheur a*
» *fui de la France, tout bonheur en fuira à*
» *jamais,* si l'on ne se hâte de suivre ce que, il
» n'y a pas plus de trois mois, j'indiquais comme
» le seul moyen de salut. Le changement *com-*
» *plet* de la direction du Gouvernement et le ren-
» voi entier, éternel de tous ceux qui nous ont
» menés au bord de cet abyme. »

_ »..... Qu'ils se retirent tous les directeurs d'af-
» faires, à la vue de ce qu'une restauration a
» valu à l'Angleterre, à l'Espagne, à la France...
» La restauration, contre sa nature, a si mal
» réussi jusqu'à ce jour, que je crois devoir à
» l'honneur de mon nom, de publier que de-
» puis ma sortie du conseil des souverains, dans
» lequel fut décidée cette restauration, *j'ai été*
» *éloigné des affaires.....* De tout ce qui a été
» fait depuis cette époque, *je ne connais pas*

» *trois actes auxquels j'eusse voulu donner mon*
» *approbation et encore moins ma signature.* »

D'autres, Messieurs, peuvent chercher à découvrir, dans ces dernières phrases et particulièrement dans ces mots, *j'ai été éloigné des affaires*, le secret des sentimens de l'auteur ; nous qui avons adopté, comme plan invariable, de vous occuper du livre et non de l'écrivain, nous devons appeler votre attention sur d'autres points.

Il est convenable que, sous un gouvernemeut tel que le nôtre, on puisse discuter avec modération et bonne foi les actes du gouvernement.

Mais ce qui est intolérable, c'est que mettant la déclamation à la place de la logique, et la violence à la place de la raison, on frappe d'anathème, en masse et sans daigner les examiner, tout l'ensemble des actes du Gouvernement royal, depuis qu'il existe.

Dans une des pages du livre saisi, on parle des malheurs résultant de *l'incompatibilité* (le mot est heureusement trouvé) qui s'établit quelquefois entre un souverain et son peuple.

Et comment voulez-vous qu'elle ne naisse pas, cette incompatibilité déplorable, s'il est permis à des écrivains d'exciter dans tous les cœurs un sentiment de malaise imaginaire, en proclamant que *depuis six ans*, *tout bonheur a fui de la France ?*

Tout bonheur a fui...... Si ces effrayantes paroles étaient vraies, encore serait-ce une vérité que le sage, l'homme de bien, devraient s'efforcer d'adoucir, pour éviter les maux de la révolte et de la guerre civile, toujours plus grands que ceux de l'obéissance.

Mais du fond de quelle conscience pourrait jamais partir cette assertion calomnieuse : *tout bonheur a fui de la France*, quand elle jouit de la paix au dehors et du calme au dedans, sous le sceptre paternel d'un Bourbon, sous l'autorité de la Charte, sous l'empire des lois ?

Ne craignons donc pas de dire que cette inexcusable déclaration ne peut tendre qu'aux troubles et à la révolte, en éteignant chez les peuples toute affection pour le Gouvernement.

Douteriez-vous, Messieurs, de cette intention, quand vous voyez la comparaison de ce qu'ont *valu la restauration de l'Angleterre, celle de l'Espagne, celle de la France ?* La destruction du trône, comme en 1688.... ou.... ce que nous ne qualifions pas, ce que l'Europe épouvantée vient de voir chez nos voisins, voilà donc l'alternative que l'on nous offre !

Enfin, pour achever d'ébranler les imaginations, des prophéties sinistres couronnent l'œuvre de la provocation : « La France entière saura ces » scènes, les ressentira, en sera ébranlée peut- » être !.... où peut conduire une crise pareille , » après toutes celles dont se compose notre triste » existence depuis six ans !.... »

Messieurs, nous ne pouvons ici que vous dire encore une fois : jugez de l'effet d'un pareil écrit. Désormais la décision existe dans vos es-prits ; elle est invariable, car elle dépend d'une impression, et cette impression est complète , puisque vous avez entendu tout ce qui, dans le système de l'arrêt de renvoi, constitue la préven-tion. Vous déciderez actuellement cette question : l'effet combiné de la haine , du ressentiment, de la frayeur de l'avenir, du mécontentement contre l'autorité et de la croyance à de grands mal-heurs, n'est-il pas d'exciter à la guerre civile ? L'écrit qui tend à faire naître toutes ces affec-tions en employant des assertions calomnieuses et des expressions violentes , n'est-il pas une pro-vocation à ce crime ?

Il nous reste à nous expliquer sur le dernier délit qualifié par l'arrêt de renvoi, l'attaque for-melle contre l'autorité constitutionnelle du Roi et des Chambres. Nous le ferons avec moins d'é-tendue, parce qu'ici l'écrit saisi ne nous offre pas une matière aussi vaste.

Quelques observations préliminaires sont indispensables.

La presse, entre autres dangers (dangers qui ne peuvent faire oublier le bien qu'elle opère, mais auxquels il est pourtant nécessaire d'obvier), en présente deux que la loi a vus d'un œil différent, les provocations et les doctrines répréhensibles.

Les provocations s'adressent aux passions, les mauvaises doctrines tendent à pervertir le jugement. On a cru que les premières menaçaient la société plus immédiatement et plus sérieusement que les autres, qu'en conséquence il fallait se prémunir avec plus de soin contre celles-ci.

Conduit par cette pensée, on a dit : toute provocation à un crime ou à un délit sera punie, quelle que puisse être sa forme.

Mais quant aux doctrines qui attaqueront, soit les hauts pouvoirs de la société, soit les droits concédés par la Charte aux Français, elles ne seront criminelles qu'autant que l'attaque sera formelle.

Dans cette cause, le ministère public doit donc prouver, non-seulement que l'autorité constitutionnelle du Roi et des Chambres est attaquée, mais encore qu'elle l'est formellement; c'est l'engagement que nous prenons.

Voyons d'abord en quoi consiste cette autorité constitutionnelle. Elle consiste, entre autres choses, dans la création de la loi, à laquelle vous savez que chacune des trois branches du pouvoir législatif concourt selon le mode établi par la Charte.

Trois choses sont également vraies, relativement au pouvoir législatif, ainsi organisé :

La première, qu'il existe comme principe fondamental du Gouvernement.

La seconde, qu'il représente tous les intérêts sociaux.

La troisième, qu'il est souverain, c'est-à-dire que ses actes ne sont soumis à aucune révision.

Il n'en a pas toujours été ainsi. Sous la constitution de l'an 8, les actes du pouvoir législatif pouvaient être attaqués par le recours au sénat, pour cause d'inconstitutionnalité (ce qui jamais n'a existé qu'en théorie, par des raisons que chacun sait).

Mais aujourd'hui il n'y a nul recours, et encore une fois le pouvoir législatif est souverain.

Sans doute, dans une session postérieure, on peut abroger la loi, mais ce n'est là ni la casser ni la reviser ; car, pour le passé, elle conserve toujours ses effets, et il n'y a aucune puissance au monde qui ait la faculté de les lui ravir.

Dès qu'il est également de l'essence du pouvoir législatif d'exister, de représenter tous les intérêts sociaux, et d'être souverain, on peut *attaquer formellement ce pouvoir* (et par conséquent l'autorité constitutionnelle du Roi et des Chambres) de trois manières distinctes.

D'abord, en niant son existence ;

Secondement, en soutenant qu'il ne représente pas les intérêts sociaux ;

Troisièmement, en contestant sa souveraineté, et en le présentant comme sujet à une révision quelconque.

Ici on n'attaque pas, il est vrai, l'existence du pouvoir législatif, mais d'une part on prétend qu'il ne représente pas les intérêts sociaux, de l'autre on nie formellement sa souveraineté, en soutenant que ses actes peuvent être annulés par ce que l'on appelle *l'opinion générale.*

Relisons le passage de la page lij de l'Introduction (1), que nous avons déjà examiné sous un autre rapport.

Nous pourrions, Messieurs, faire ici plusieurs observations, les unes en principes, les autres

______

(1) Voyez page 77.

en fait, sur cette affectation que l'on met à
appeler le mépris sur la loi d'élection actuelle,
en parlant sans cesse de la proportion numérique des suffrages.

En principe d'abord, quand on parle de la
majorité législative (ce sont les expressions dont
on s'est servi), il faut faire le calcul de cette
majorité, non-seulement dans la Chambre des
Députés, mais dans la Chambre des Pairs, puisque ces deux corps concourent d'une manière
égale à la formation de la loi.

Mais, en fait, ce n'est pas par une majorité
de cinq suffrages que la loi a été acceptée dans
la Chambre des Députés, c'est par une majorité composée des deux tiers de la Chambre. Il
est vrai que l'un des articles, pris isolément, n'a
passé qu'à une pluralité de cinq voix; mais,
quand on a voté sur l'ensemble (et par conséquent sur cet article comme sur les autres),
la Chambre, éclairée par la discussion, et
applaudissant avec transports à l'heureuse con-
ciliation qui s'était opérée, a accueilli le projet
avec la plus imposante majorité qui ait existé
depuis 1815. Voilà ce qu'il fallait dire pour être
vrai et impartial, et sur-tout il ne fallait pas
parler du résultat du scrutin sur un article,
comme s'il se fût opéré sur la loi. « Il faut

» qu'une loi aussi capitale ait reçu l'imposante
» sanction d'une majorité de cinq voix. »

Enfin, Messieurs, on n'aurait pas dû oublier
que la loi du 5 février 1817, jadis objet du
culte et maintenant objet des regrets d'un parti,
avait triomphé à l'aide d'une majorité législative
infiniment plus faible.

Ce que nous venons de dire nous donne la
mesure de la bonne foi qui règne dans cet ouvrage.

Mais attaquons de plus près la question.

Tout le délit est dans ces paroles, qui sont la
conclusion du raisonnement précédent... *Lorsque la loi est évidemment contraire au vœu de
l'opinion générale, lorsque la majorité législative
ne représente plus qu'elle même...*, et dans celles-
ci..., *il y a toujours un recours du vote émis par
la majorité législative au tribunal de la majorité
nationale, qui le confirme ou l'infirme ; dans ce
cas, la loi matérielle peut tenir, mais la loi morale n'existe pas.*

Ainsi deux propositions sont énoncées.

La première, c'est que dans la discussion de
la loi d'élection, *la majorité législative n'a re-
présenté qu'elle-même.*

Il y a dans cette assertion l'attaque la plus
formelle contre l'autorité constitutionnelle, soit

des deux Chambres, soit de la Chambre des Députés, si l'on n'a entendu parler que de la Chambre des Députés;.

Car les Chambres n'agissent dans le mouvement du corps politique que par leurs majorités. L'opinion de la majorité d'une chambre est celle de cette chambre, comme le suffrage de huit d'entre vous, Messieurs, est la décision de tout le jury.

Le Roi et les Chambres, comme nous l'avons établi, représentent les intérêts sociaux.

Il est également vrai de dire, par conséquent: le Roi et la majorité des Chambres représentent les intérêts sociaux.

Maintenant, soutenir que la majorité d'une Chambre ne représente qu'elle-même, c'est incontestablement lui dénier sa part dans la représentation des intérêts sociaux : c'est donc attaquer formellement son autorité constitutionnelle.

L'autre proposition est, que la loi est soumise à la révision de la majorité nationale, qui la confirme ou l'infirme.

Nous nous demanderons tout à l'heure ce que c'est que la *majorité nationale;* mais quant à présent, supposons qu'elle soit un être réel.

Elle confirme, dit-on, la loi; donc le pouvoir législatif n'est pas souverain.

Mais nous avons vu que la souveraineté était de son essence.

Par conséquent, en niant cette souveraineté, on combat ouvertement une des conditions constitutives de ce pouvoir, en d'autres termes ; on attaque formellement l'autorité constitutionnelle du Roi et des Chambres.

Messieurs, nous avons en jurisprudence une expression remarquable : la chose jugée est la vérité.

Eh bien ! qu'est-ce que la loi ? C'est aussi la chose jugée ; c'est la cause des besoins de l'Etat et des intérêts de la patrie, décidée par le plus auguste des tribunaux ; nul n'a le droit de l'attaquer, ce jugement ; car c'est une vérité politique, comme vos décisions, Messieurs, sont des vérités judiciaires.

Nous ne contestons pas aux écrivains le droit de demander que d'autres lois modifient ou abrogent celles qui existent ; mais ce qui ne peut être toléré, c'est que l'on dénie à celles-ci la puissance suprême avec les attributs qui la composent ; or, c'est ce que fait le livre saisi.

Nous avons prouvé que lors même que cette majorité nationale, dont on parle avec faste, serait un être réel, il serait criminel de la représenter comme pouvant briser l'œuvre du pouvoir législatif.

Mais si c'est un fantôme décoré d'un nom pompeux, notre démonstration sera bien plus rigoureuse encore.

Majorité nationale, qu'entendez-vous par-là? Est-ce la moitié plus un de tous les Français, ou la moitié plus un des Français auxquels la Charte accorde des droits politiques?

La première partie du dilemme est insoutenable ; car alors vous seriez forcé de faire entrer dans le calcul, pour la part la plus forte, des hommes illettrés et courbés sous le poids du travail, que dans tous les pays on tient éloignés des affaires publiques.

S'il s'agit de la majorité des Français auxquels la Charte accorde des droits politiques ; comme il est impossible de scinder la Charte, et qu'il faut la prendre dans son ensemble, vous serez forcés de nous accorder que cette majorité ne peut exprimer son opinion que de la manière réglée par la Charte. Or, d'après la Charte, la majorité des hommes investis de droits politiques, n'a d'autre organe que la Chambre des Députés. Voyez donc ce que devient votre proposition : vous soumettez la Chambre des Députés à la révision d'une majorité qui n'a d'autre voix pour se faire entendre que la Chambre des Députés elle-même.

Proclamons d'ailleurs cette vérité, qu'il ne peut y avoir *majorité*, dans le sens légal et politique, que là où il y a discussion, là où tout le monde est forcé de l'entendre, là où il y a un mode de supputation des suffrages. Voilà ce qui avait lieu sur la place publique d'Athènes et dans les comices de Rome, où toutes ces conditions existaient; mais chez nous, où elles manquent toutes, la majorité nationale, dans le sens où vous la prenez, est une chimère, que l'auteur du Contrat social lui-même eût flétrie de son mépris.

Mais cette chimère mérite votre sévérité, Messieurs, parce qu'elle est dangereuse pour des esprits irréfléchis ou faussés par les dogmes révolutionnaires : suivons dans leur marche les hommes de parti. Une loi est proposée, ils en combattent le projet par des écrits violens, par des pétitions menaçantes; elle se discute, ils essaient de rompre la majorité qui l'appuie en la frappant de terreur par des rassemblemens séditieux et des clameurs forcenées. Cette loi est adoptée; ils en appellent de la décision des pouvoirs légaux à une prétendue majorité nationale, c'est-à-dire, dans la réalité du droit, à la force ; de la haute sagesse des corps délibérans à la violence insensée de la multitude. Non l'invocation

de la majorité nationale , en opposition à la loi ,
n'est autre chose que la dernière raison des fac-
tieux.

Le livre saisi présente donc trois caractères
séditieux :

Provocation à la désobéissance aux lois ;

Provocation à la guerre civile ;

Attaque formelle contre l'autorité constitutionnelle du Roi et des Chambres.

Si ces vérités vous sont démontrées comme
nous n'en pouvons douter, l'auteur est coupable ;
c'est une conséquence évidente.

En est-il de même du sieur Béchet , libraire ?
Nous ne le pensons pas.

Nous ne perdrons pas des momens précieux à
chercher, grammaticalement parlant, quelle est
la qualité du sieur Béchet, s'il est éditeur, ou
simplement distributeur ; ce serait une dispute
de mots complètement oiseuse.

Les principes sont simples en cette matière ;
c'est la publication d'un livre répréhensible qui
constitue le délit. Ainsi on sera auteur principal
de ce délit, complice ou innocent, selon la manière dont on aura concouru à la publication.

L'auteur principal du délit est celui par l'ordre
duquel se fait la publication ; ici, c'est l'écrivain.

Le complice est l'imprimeur ou le libraire

qui a aidé et assisté l'auteur principal dans les faits qui ont préparé, facilité et consommé la publication, et qui l'a fait avec connaissance (ce sont les termes de la loi).

Deux conditions sont donc nécessaires pour constituer la complicité :

L'aide et l'assistance matériels;

La connaissance de ce que l'ouvrage contient de criminel.

Si l'une de ces conditions manque, l'individu prévenu de complicité doit être déclaré non coupable.

Ici, il y a de la part du sieur Béchet aide et assistance matériels.

Mais y a-t-il connaissance ? Voilà la question : et sa solution dépend de cette autre : pensez-vous que le sieur Béchet ait lu le livre ?

Il a pu ne pas le lire, et cela suffit ; il a pu ne pas le lire, car l'auteur avait publié plusieurs ouvrages dont aucun n'avait été saisi, et c'en était assez pour fonder la sécurité du sieur Béchet.

Le vrai et le seul coupable ici est donc l'écrivain.

Messieurs, les décisions que vous rendez dans ces causes ne sont pas seulement l'expression de la stricte justice, et sont encore des sentences d'équité.

La société et le prévenu sont en présence devant votre tribunal.

La société reproche au prévenu le mal qu'il lui a fait, ou qu'il a tenté de lui faire.

Le prévenu se défend d'abord en soutenant que son écrit ne contient rien de dangereux.

Si ses efforts dans cette première partie du combat ne sont pas heureux, il se retranche dans ses intentions, et le fait souvent avec succès.

Oui, quand vous êtes convaincus que les intentions ont été pures, bien que la plume ait été imprudente, vous prononcez une absolution que tous les cœurs honnêtes ratifient.

Quel est l'auteur qui peut alléguer l'excuse de ses intentions ? c'est celui qui probablement se proposait un but louable et utile, et que trop de chaleur a entraîné au-delà des justes bornes.

Mais si l'ouvrage, dans les circonstances où il a été publié, ne pouvait évidemment produire aucun bien, et s'il devait nécessairement opérer du mal ; si l'auteur n'a pu se faire illusion sur les effets de son écrit, la même équité qui dicte l'absolution de celui dont les intentions ont été pures, réclame hautement toute votre rigueur contre lui.

Cherchez maintenant, Messieurs, si l'auteur du livre saisi pouvait se proposer un but légitime et propre à lui servir d'excuse.

Nous ne dirons pas qu'elle était jugée depuis long-temps, cette loi dont il s'est fait l'ardent panégyriste; que les destinées de la France, son honneur même compromis par une nomination effroyablement scandaleuse, en réclamaient l'abrogation comme le plus urgent de tous les remèdes.

Nous placerons l'auteur dans la plus favorable de toutes les hypothèses : nous lui accorderons, s'il réclame cet étrange avantage, qu'il a été assez aveugle pour ne pas voir ce qui a frappé les yeux des hommes sages, qu'il est resté jusqu'à la fin, partisan de bonne foi de la loi du 5 février.

Nous disons que dans cette situation d'esprit, il a pu gémir sur la destruction d'une institution que son jugement trompé lui présentait comme digne de regrets; mais qu'en qualité de citoyen, tout lui interdisait d'écrire sur cette matière de manière à émouvoir les passions.

Comment! la capitale venait de voir des scènes affligeantes! Elles avaient frappé l'auteur, et même outre mesure, car vous avez remarqué l'exagération avec laquelle il en parle. On avait tenté en même temps (et vous voyez toujours ces désordres qui partent d'un centre commun se manifester à la fois sur plusieurs points), on avait tenté de répandre le trouble et le deuil dans d'autres villes; et c'est le moment où ces attentats sont encore flagrans, où les esprits sont irrités, où les cœurs sont ulcérés, où les bras sont en quelque sorte encore levés pour frapper, que l'on choisit pour mettre au jour un livre provocateur, dont l'effet inévitable est de redoubler cette fièvre qui agite tant de cerveaux, et qui peut les porter aux dernières fureurs !

Eh ! quel est l'intérêt de cette dangereuse publication ? S'agit-il de sauver une loi, objet d'un amour si passionné? Non, elle n'existe plus; l'arrêt de mort qui l'a frappée est irrévocable ; on n'écrit pas sa défense, mais son oraison funèbre. Ce ne sera donc que pour exhaler de vains regrets et des plaintes inutiles que l'on se livrera à une publication si propre à troubler la tranquillité publique.

Messieurs, ce sont des prophètes bien inspirés (car les évènemens se chargent toujours de justifier leurs prédictions), que ces hommes d'état et ces magistrats qui n'ont cessé de nous dire depuis long-temps que le danger de la France est dans la licence des écrits; que c'est là la racine du mal, et qu'il faut l'extirper ; que tout le reste n'est qu'un vain palliatif.

Il n'y a que quelques instans que la terre a tremblé sous vos pas. La commotion est si ré- -cente, que vous la ressentez encore ; cette commotion peut-être salutaire, si vous savez profiter de l'avertissement qu'elle vous donne, pour travailler à affermir l'édifice assis sur un sol menaçant.

Messieurs, l'apparition d'un écrit séditieux entre les troubles de juin et la tentative d'août mérite attention et sévérité ; cette circonstance parle plus énergiquement que tout le reste.

M. de Pradt se lève : Monsieur le président, dit-il, je vous prie de m'accorder et de me maintenir la parole pour quelques instans, je n'ai que peu de mots à dire.

Le président donne la parole à M. de Pradt, qui s'exprime en ces termes :

Messieurs, aux jours de l'assemblée constituante, on vit le plus vénérable des vieillards, le cardinal de la Rochefoucauld (1), courber sa tête, chargée de toutes les dignités de l'église et de l'état, sous le poids d'une accusation qui menaçait ses derniers ans de s'éteindre dans l'ombre

____

(1) M. l'archevêque de Malines est neveu de feu M. le cardinal de la Rochefoucauld.

d'un cachot. Une lettre surprise par le Comité des recherches le fit accuser, comme je le suis aujourd'hui, de provoquer à la désobéissance aux lois de son pays. Sa gloire ne souffrit point de cette épreuve : qui, surtout dans les temps de troubles, peut se flatter de rester toujours à l'abri de pareilles attaques? et d'ailleurs, quelle distance ne sépare pas les délits contre la politique d'avec ceux qui offensent la morale.

Un livre inspiré par le désir de donner à mon pays, dans les circonstances critiques où il se trouvait, un gage éclatant de mon zèle pour le servir, attire sur moi l'accusation que vous venez d'entendre. Placé dans la même situation où comparut l'homme vénérable que j'ai cité, je me présente avec la confiance qu'il montra, avec l'espoir qu'une innocence égale à la sienne protégera mon honneur comme elle protégea le sien.

Réservant pour d'autres temps et pour d'autres discussions l'appareil des discours étudiés, dans ce jour, mes paroles ne peuvent porter que la seule empreinte du deuil dont pénètre mon âme ma présence dans un lieu contre l'accès duquel le caractère dont je suis revêtu, et ma vie entière, devaient à jamais me garantir. Si dans ce jour la morale publique est offensée, si les regards d'un peuple, chez lequel le sentiment des convenances est un législateur toujours agissant et toujours écouté, se trouvent blessés, il m'importe, avant tout, de montrer que je n'ai aucune part dans leur injure.

Servir et souffrir dans un temps, recueillir dans un autre, tel fut à peu près le partage de ceux qui se vouèrent au culte de la vérité, qu'elle fût adressée soit aux peuples, soit aux rois.

Depuis beaucoup d'années, j'ai embrassé son service dont les temps de parti redoublent les dangers. De nombreux écrits attestent mes efforts, aussi bien que l'esprit général et uniforme de bienveillance pour l'humanité qui les a dictés. De quelques contrées et de quelques hommes que j'aie parlé, en eux je n'ai considéré que les membres de la grande famille humaine, et dans leurs erreurs mêmes, je n'ai adressé de reproches qu'à ce qui pouvait leur nuire. C'est ainsi que traitant de sujets divers, homme, j'ai défendu les droits des associations humaines ; français, ceux de la famille glorieuse à laquelle le ciel m'a accordé d'appartenir ; prêtre, ceux de l'église célèbre dont j'ai l'honneur d'être un des chefs.

En écrivant ainsi, je sentais le caractère de ma profession s'agrandir et s'ennoblir par son union avec les intérêts de la société ; car j'ai toujours pensé que les remparts des temples s'affermissaient en s'appuyant sur ceux de l'édifice social.

Dans les temps d'agitation et de parti, il est rare que la loi sorte du sein du législateur entièrement pure et dégagée de tout motif étranger aux circonstances qui la voient naître. Il est rare qu'on ne demande pas aux lois encore plus l'appui de leur force, que celui de la justice et de la raison seules. Hélas ! combien de fois, même parmi nous, cette théorie n'est-elle pas devenue une affligeante réalité !

Dans ces derniers momens, j'ai vu les partis attachés à ébranler les fondemens de nos institutions, et pour les raffermir, j'ai dit quelle était la sainteté des lois, la majesté du trône, la fidélité due à la Charte. J'ai vu répandre des doctrines funestes, et, en rétablissant l'honneur des principes violés, j'ai cherché à purger la société de ces poisons. J'ai entendu, au sein d'un régime constitutionnel, *demander l'arbitraire et promettre de mauvaises lois*, et j'ai demandé à mon tour si un pareil langage pouvait être adressé, par les premiers ministres des lois, au peuple le plus éclairé de l'univers, à ceux qui ont vu trois millions de leurs frères s'immoler pour acquérir la liberté fondée sur la raison et sur les lois.

J'ai vu préparer les discussions destinées à décider du sort de ce peuple, par l'abandon des

principes et des doctrines hautement professées,
et j'ai demandé de nouveau si les doctrines politiques, appliquées à la conduite des sociétés,
ne devaient pas avoir la stabilité des doctrines
religieuses elles-mêmes, et s'il existait quelque
moyen de diriger les hommes hors des routes
de la morale.

Il existe un contrat entre les lois et les sujets ;
celles-ci exercent un empire immense sur eux ;
et, pour que le contrat soit égal, si l'obéissance
des uns doit être sans réserve, la pureté des
autres doit être sans nuage. Le législateur doit
être toujours prêt à prouver que, dans la confection de la loi, il n'a jamais perdu de vue ce
qui doit servir de modèle à toutes, la justice,
qui n'est que la nature éternelle des choses. C'est
elle qui fait le lien véritable entre l'homme et la
loi. La législation doit être plus imposante, à
mesure que les intérêts qu'elle atteint sont plus
relevés eux-mêmes, à mesure que les sujets sont
mieux pourvus des lumières propres à leur faire
apercevoir les principes, les motifs et les conséquences de la loi. Alors, par un effet admirable
de la lumière, ce sont les sujets qui forcent le
législateur à se surveiller lui-même.

Une loi qui égale en importance celle qui
appartient à la loi qui confère la couronne dans

les contrées où celle-ci dépend du droit d'élection, venait d'exciter parmi nous les plus violens
orages : c'est un des grands évènemens de ces
derniers temps, ce sera un des plus féconds en
résultats. Rechercher son origine, l'esprit qui a
présidé à sa confection, les moyens qui l'ont
fait prévaloir, montrer sa liaison avec l'ordre
général et le mouvement de la civilisation actuelle, tel fut le but que l'utilité publique m'in-
diqua. Je n'ai consulté qu'elle : occupé de la
seule pensée de rappeler le législateur à un retour salutaire sur lui-même et sur son ouvrage,
au lieu de travailler à ébranler la société, j'ai
cherché à l'épurer et à la raffermir. Le gouvernement constitutionnel nous en a donné le droit.
En nous invitant à assister aux apprêts de la
confection de la loi, il nous a rendus les juges
de tout ce qui l'a précédée et qui l'entoure : il
n'a pu nous interdire de rendre ce qui a frappé
nos yeux et nos oreilles, ni de rappeler le langage des législateurs eux-mêmes. Par cet ordre
de publicité, nouveau parmi nous, il n'appartient plus qu'aux gouvernemens qu'aucune publicité n'éclaire, d'alléguer les excitations au
mépris de lois faites en public ; car comment,
hors d'une atteinte évidente à la vérité, pouvoir
exciter au mépris de ce qui se passe sous les yeux

du monde entier ? Alors il n'y a plus que des faits à juger ; et si quelque blâme est encouru, sur qui retombe le reproche, de celui qui a fourni le fond du tableau, ou de celui qui n'a fait que le tracer ? Quel serait le sort des sujets dans un ordre où le législateur pourrait invoquer le bras de la justice pour se venger de la fidélité du tableau de ses erreurs ? Quel est parmi nous l'embarras du citoyen, placé comme nous le sommes entre la liberté extrême de notre tribune législative et les restrictions de nos censeurs ? Comment arriverions nous à faire l'histoire et l'esprit de nos lois ? L'ordre constitutionnel, sur lequel je me suis appuyé, et dont je ne me sépare jamais, est la confirmation du droit qu'en toute société le citoyen a de surveiller ses actes : ce droit s'accroît par la suspension comme par l'absence des institutions, et c'est alors au zèle des citoyens à remplir les lacunes des codes...

Telles étaient, Messieurs, les pensées qui m'occupaient, lorsque des évènemens dont je voudrais pouvoir effacer jusqu'au souvenir, vinrent montrer la guerre allumée au sein de la capitale, et prête à étendre ses ravages sur la France. Qui pouvait alors sans frémir supporter l'image des dangers auxquels se trouvait exposée la population d'une ville qui est l'objet de l'ad—

miration et de l'envie de l'univers? Comment ces jours de deuil n'auraient-ils pas fait revivre en moi le souvenir des scènes qui, dans le cours de nos discordes, trop souvent ensanglantèrent ses murs? Ciel! quand le bras de l'ange exterminateur est levé sur le peuple, à qui mieux qu'au prêtre convient-il de l'arrêter?... Et le sang humain a-t-il donc assez perdu de son prix pour qu'en déplorer l'effusion puisse être devenu un crime! C'est dans ces momens suprêmes qu'oubliant tout danger personnel, renonçant à de lâches déguisemens, je me suis tourné vers le trône, et qu'élevant vers lui une voix à la fois respectueuse et pressante, sûr d'interpréter fidèlement la conscience publique, et de servir d'organe à la vérité, trop long-temps retenue, je conjurai le Monarque de n'admettre sur les marches révérées de son trône que des amis sincères des institutions et de l'honneur national, de n'ouvrir la porte des conseils qu'au génie véritable de la France, de ne chercher d'appui que dans l'amour d'un peuple, toujours prêt à répondre aux appels de la confiance, qui voulant jouir enfin du fruit de travaux dont il a le droit d'être fier, ne craint que de tomber au-dessous de lui-même, et d'ajouter à la perte de l'empire acquis par sa vaillance, celle du rang que ses lumières lui assignent dans l'univers.... En tout temps, dans leurs malheurs, les Français aimèrent à se tourner vers le trône, comme vers leur consolateur et leur appui... Ce qu'admettait l'antique servitude ne peut être perdu par la liberté nouvelle; c'est dans cet accord de la liberté avec le respect, que réside le droit des citoyens envers ceux qui les gouvernent... Ils sont grands, les droits du trône, dans notre ordre constitutionnel; souvent dans mon ouvrage j'en ai relevé la spendeur, mais ils n'appartiennent qu'à lui seul. En dehors du monarque, qui renferme en lui-même sa famille, il ne se trouve plus que des sujets et des hommes égaux en droit de s'apprécier mutuellement d'après les services rendus à la chose publique...

La justice exige de tenir compte des circonstances dans lesquelles un écrit reçut le jour : les impressions d'un temps ne sont pas celles d'un autre.

Portez vos regards autour de vous, Messieurs, et mettez-vous à la place de ceux qui écrivent à la vue des scènes qui agitent et qui épouvantent le monde, au bruit des monarchies qui s'écroulent ou qui se métamorphosent, au milieu de systèmes et d'hommes qui tombent, se relèvent et se remplacent tour-à-tour, lorsque l'année se partage entre six mois d'orage, et les apprêts de l'orage qui va suivre. Dites si les inquiétudes de la plus juste prévoyance, si l'expression des plus vives alarmes peuvent être confondues avec celles de la sédition, et si c'est par la timidité de l'attente ou celle du silence, que l'on vient au secours de la patrie prête à périr. Combien de princes et d'états ont péri à défaut d'une sentinelle vigilante ou d'un ami assez courageux pour les avertir ! Tels sont les motifs qui m'ont dicté un ouvrage dont je voudrais voir tous les Français partager les principes et suivre les préceptes....... Les lois en seraient plus saintes, le trône plus révéré, la Charte plus religieusement observées, des jours de bonheur et de paix plus rapprochés de nous, ces jours que hâtent tous mes vœux, et pour lesquels ma vie même serait un prompt et doux sacrifice.

Maintenant que, par cette exposition publique de mes sentimens et de mes principes, je puis espérer d'avoir montré qu'aucun oubli de dévoirs, qui doivent m'être plus sacrés qu'à tout autre, n'a pu légitimer mon appel en ces lieux, maintenant que le seul bien auquel je puisse consentir d'attacher quelque prix, l'estime de mes concitoyens, est en sûreté, je n'ai plus rien à ajouter à ma défense.

Elle sera complétée par l'orateur célèbre qui

a ennobli ses talens en les consacrant à la défense de l'innocence et de l'infortune. Il lui sera
facile de prouver que la lettre de mon livre est
aussi légitime que sa source fut pure ; que tant
de pages consacrées à recommander le respect
des lois, la majesté du trône, la fidélité à la
Charte, ne peuvent conduire à méconnaître les
devoirs envers les autorités, à l'honneur desquelles mon livre, j'ose le dire, a érigé un monument ; et que, pour le supposer, il faut admettre des contradictions dont un homme de
sens ne peut être supposé capable. Il n'aura pas
de peine à montrer la distance qui sépare un livre de droit public et d'histoire, destiné à con-
fronter les principes de la législation, et la confection d'une loi particulière, avec un appel
formel à des crimes dont l'idée seule fait re-
culer d'horreur. Pour intenter une accusation
dont le principe suppose une grande perversité
et dont les conséquences renferment d'affreux
dangers, il faut des preuves qui égalent en évidence celle de la lumière du jour. Les chercher
dans des interprétations, dans des rapproche-
mens de paroles plus qu'expliquées par le corps
d'un ouvrage entier, c'est remplir la société de
piéges et de dangers ; c'est faire dépendre le
sort des citoyens de vagues et commodes for-

mules d'accusation, c'est renouveler l'usage de
ces crimes de lèse-majesté, qui portèrent la
corruption et l'effroi dans l'empire romain, et
qui hâtèrent sa chute dans ces temps cruels, pendant lesquels on ne demandait pas ce qu'avait fait
un homme, mais à quelle couleur il appartenait,
et qui le poursuivait. L'Histoire, en gardant le
souvenir de cette cause, l'ajoutera au nombre
déjà trop grand de celles dans lesquelles on avait
déjà vu l'existence des plus honorables citoyens
soumise à l'art raffiné d'interpréter des paroles
et de prêter des pensées, et sous ce rapport, la
société tout entière est en cause avec moi.

Il n'échappera pas à des juges chez lesquels la
droiture égale les lumières, qu'un écrit qui a
pour objets les intérêts supérieurs de la société,
adressé aux classes élevées parmi lesquelles se
trouvent autant de juges que de lecteurs, ne
porte avec lui aucun danger : que ceux-ci ne
commencent qu'au point où la privation de la
lumière facilite la séduction ; que dans ces causes,
c'est l'absence ou la présence de la lumière qui
fait le mal ou le remède ; que ce n'est point parmi les hommes occupés de suivre les sociétés
dans leurs divers mouvemens, qu'il faut chercher ceux qui tendent à les troubler, et qu'un
homme voué à ces hautes spéculations, qui

écrit avec confiance parce qu'il croit à la bonne foi, après avoir mis les principes en sûreté, ne peut être tenu de détourner à chaque instant la tête pour regarder derrière lui, à l'usage que l'on peut faire de chaque parole qu'il sème dans une route droite, et dont le but est clairement marqué.

MM. les jurés, le jugement que vous êtes appelés à prononcer dépassera de beaucoup les limites des jugemens ordinaires sur la presse ; votre décision atteindra de nouvelles questions de droit public créées par notre ordre constitutionnel... Elle dira de plus aux Français quelle est la part qui leur reste dans la faculté de manifester leur pensée, dans cette liberté précieuse si vivement désirée par eux, si vivement combattue et presque expirante aujourd'hui.

Fasse le ciel que l'esprit de parti ne s'empare pas de cette cause, dont de meilleurs conseils auraient prévenu l'éclat, pour ajouter aux germes de discordes qui déjà ne fermentent que trop au sein de notre patrie !

M. Dupin aîné, avocat de M. de Pradt, a la parole.

MESSIEURS, dit-il, si quelque chose pouvait attester le progrès de la philosophie moderne et

dés idées constitutionnelles, ce serait assurément la présence d'un archevêque en ces lieux.

Autrefois un pareil évènement eût soulevé
l'Église; Rome eût fait entendre ses foudres, et
l'accusé lui-même eût invoqué l'utile théorie des
cas privilégiés pour se soustraire au vulgaire empire du droit commun.

C'est ainsi que naguères encore, nous avons
vu chez un gouvernement voisin, un évêque (1)
décliner la juridiction séculière, et quitter plutôt
son siége et sa patrie, que de se soumettre à
l'autorité de la justice et des lois.

Chez nous, au contraire, si d'un côté le bras
séculier s'est étendu sans ménagement jusque
sur la personne d'un archevêque, on a vu, en
même temps, ce prélat, constitutionnel dans sa
conduite comme dans ses écrits, malgré l'éloignement des lieux où il se trouvait, son grand
âge, et un état de souffrance qui commandait le
repos, se mettre en route pour se rapprocher de
la justice et venir rendre hommage aux lois de
son pays.

Cette démarche tient aussi, sans doute, à la
confiance qu'il a dans l'innocence de sa cause et

______

(1) M. de Broglie, évêque de Gand.

dans la droiture de ses juges. Sa défense et votre jugement ne tarderont pas à convaincre la France entière qu'il ne s'est trompé ni sur lui, ni sur vous.

Ma tâche est déjà rendue plus facile par cette exposition de foi, si pleine de précision, de force, d'éloquence, et de dignité, par laquelle M. l'archevêque de Malines a voulu lui-même vous faire connaître le fond de ses opinions et toute la pensée de son livre.

Si les sentimens qu'il éprouvait au-dedans de lui-même devaient, suivant l'expression de M. l'avocat-général, l'avertir de ceux qu'il allait exciter chez les autres, il devait être bien tranquille; il n'a jamais écrit avec plus de conviction du bien qu'il pouvait faire.

Dès à présent, du moins, il éprouve une satisfaction; c'est de voir son libraire absous de l'accusation par l'accusateur même (1). Il a la consolation de ne lui avoir causé aucun tort. On l'absout par la présomption qu'il n'a peut-être pas lu le livre. Il aurait pu le lire sans danger : car il est d'une nature si élevée, que quiconque serait

____

(1) M. l'avocat-général a déclaré retirer son accusation contre M. Béchet.

assez habile pour y découvrir du mal, serait en même temps assez fort pour s'en préserver.

On attaque ses doctrines, et l'on est forcé du moins de respecter sa personne et son caractère.

Élevé dans le sein de cette Église qui dut sa plus belle existence au soin qu'elle eût toujours de garder ses franchises et ses libertés, la réputation constitutionnelle de M. de Pradt date de l'époque où il fut élu membre de l'Assemblée constituante, de cette assemblée dont il semble encore aujourd'hui qu'il suffise d'avoir été membre, pour être, par cela seul, un homme distingué.

Ami de son pays, mais inébranlable défenseur de sa foi, il fut déporté en 1792 pour avoir refusé de souscrire à des réformes que sa conscience n'approuvait point.

Après dix ans d'exil et de dépouillement, dans un état de dénûment rendu plus complet par son refus constant d'accepter ni secours, ni pension de l'étranger, M. de Pradt revint en France en 1801, aussitôt après que le Concordat eût fait rentrer l'Église dans l'État, et raffermi la religion sur des bases également avouées par le Sacerdoce et l'Empire.

En 1805, il fut promu à l'évêché de Poitiers, et en 1808, à l'archevêché de Malines.

Mais en 1814, ce siége ayant cessé de faire partie de l'Empire, M. de Pradt n'hésita pas à rentrer lui-même dans les limites nouvellement assignées à la France ; satisfait de conserver sa foi, sa patrie, ses opinions, et le caractère sacré dont il est inséparablement revêtu.

Au jour de la restauration, M. de Pradt fut admis à l'assemblée des Souverains où cette grave *question* fut agitée ; et il y aurait de l'ingratitude à méconnaître que la part qu'il prit à ce grand évènement, lui a acquis le droit d'en parler.

Depuis ce temps, resté constamment éloigné des affaires, M. de Pradt n'a pas regardé sa mission comme finie. Il s'est signalé par des écrits où les traits de l'imagination la plus vive viennent animer les conseils de la raison la plus éclairée. Plein du passé, il ne s'en constitue pas le froid historien ; il transporte tout dans l'âge actuel ; il vit, il s'avance avec son siècle ; le présent peut à peine le contenir ; non content de marcher avec les évènemens contemporains, il les devance quelquefois plutôt qu'il ne les suit ; et dans les deux mondes aujourd'hui, l'existence de plusieurs gouvernemens constitutionnels atteste de la manière la plus éclatante, qu'il ne s'était point trompé en prédisant comme assurée, la chute prochaine des gouvernemens absolus, et le triomphe des nouveaux intérêts.

Tant d'ouvrages publiés depuis quelques années, sur la politique de la France, sur celle de l'Europe, et je puis dire sur celle du monde entier, n'avaient excité que l'admiration des peuples, pour la sagacité de l'auteur et son étonnante fécondité ; les Colonies, les Congrès, les Concordats, l'Espagne, tout avait été traité par lui, sans qu'aucune autorité parût en prendre ombrage.

Pourquoi son dernier ouvrage, également bien accueilli dans le monde, a-t-il donc excité, par prédilection, l'inquiète sollicitude du ministère public ?

L'auteur était-il au-dessous de son sujet ? Celui qui avait parlé des intérêts et de la constitution de tant de peuples divers, était-il hors d'état d'écrire sur une loi particulière, portée dans son propre pays après une discussion publique et solennelle, et long-temps prolongée ?

Qu'a donc de particulier cette loi des élections, qu'on ne puisse aujourd'hui raconter comment elle s'est faite, ni entreprendre d'en expliquer le mécanisme, sans aussitôt courir le risque d'être traduit devant la Cour d'assises ?

Ah ! j'en trouverai facilement la raison dans le *malaise* qui suit toujours le changement irréfléchi des lois ; et si dans la cause d'un archevêque, il m'était permis, à l'exemple des orateurs sacrés, de prendre dans l'Ecriture un texte convenable au sujet de ce discours, et à la situation où nous nous trouvons, je m'écrierais avec le prophète Isaïe : *Hæc omnia fiunt, quia transgressi sunt legem, mutaverunt jus, et dissipaverunt fœdus sempiternum.* Toutes ces choses arrivent, parce qu'ils ont transgressé les lois, changé sans motif le droit existant, et qu'ils se sont joués du pacte d'alliance !

Pour apprécier cette accusation, Messieurs, il ne faut pas considérer l'accusation seule ; il faut voir l'homme entier, le livre entier, ses principes et ses doctrines. Ma tâche est de vous les faire connaître à fond ; et quand vous en serez bien pénétrés, vous verrez alors si l'accusation portée isolément contre quelques phrases détachées, peut se soutenir un instant ; vous jugerez aisément si c'est dans l'intérêt de la société, dans l'intérêt des lois, dans l'intérêt de la morale, et j'ose dire de la pudeur publique (1), qu'on a cru prudent de traduire un archevêque sur le banc des accusés.

L'ouvrage de M. de Pradt a été composé loin

______

(1) Surtout lorsqu'on saura que cette cause a été appelée immédiatement après celle d'une fille publique appelée *la Coquette*, prévenue d'avoir proféré des *cris séditieux* dans un *corps-de-garde*.

de Paris, pendant que la loi actuelle des élections se discutait, ou si l'on veut, se disputait encore. Avant qu'elle fût portée, le manuscrit était déjà chez l'imprimeur.

Accoutumé à pressentir les résultats, l'auteur n'avait pas besoin d'attendre l'issue de cette lutte pour écrire; les causes étaient connues, elles suffisaient pour lui révéler les effets.

Bientôt, Messieurs, vous saurez si M. l'archevêque de Malines a bien ou mal apprécié notre situation politique, et vous conviendrez que s'il est accusé, c'est moins pour s'être trompé que pour avoir déplu.

Aussi bien, il n'a point cherché à plaire; il disait la vérité, et il ne pouvait ignorer que la vérité surtout offense... ceux qui n'ont pas la force de l'entendre, ni le bon esprit d'en profiter....

L'ouvrage de M. de Pradt est précédé d'un *Avant-Propos*. Supérieur aux critiques comme aux accusations, il y peint à grands traits, en traits ineffaçables, parce qu'ils sont ressemblans, l'ARISTOCRATIE *de France et celle de l'Europe*.

Analysons en peu de mots cette première partie de son livre.

« Voilà le VRAI MOT, dit-il, de l'affaire des élections. La loi n'est qu'un *fait particulier* dans le *sujet général* qu'elle a ramené sur la scène ; ce sujet est l'état même de la société dans *l'Eu-rope* et dans le reste du *monde.*

» Il ne faut pas s'y méprendre, celui-ci change de face; c'est ce changement qu'un parti repousse, parce qu'il n'y trouve pas son compte.

» Il n'y a qu'une question en Europe, celle du *contrat social,* qui s'agite aujourd'hui partout.

» Le contrat social et la disposition des pouvoirs de la société, distribués par sa délégation propre, dans son intérêt à elle.

» L'aristocratie résiste à cette distribution, refuse la délégation et soutient que les pouvoirs de la communauté sont sa *propriété native;*....... c'est-là son dogme favori, sa croyance, sa *théologie sacrée.*

» La loi du 5 février 1817, consacrant le principe du pacte social, avait rappelé l'aristocratie au corps de la société; c'est ce qui l'a transportée de haine contre cette loi. Elle consacrait l'égalité, l'aristocratie la repousse ; comment supporterait-elle l'idée d'une réunion? *elle vit de séparation.*

» Par la nouvelle loi, l'aristocratie est retournée à son poste, sa séparation du corps social et la recréation d'une *place à part* dans l'association générale, c'est-à-dire d'un *privilége à son profit.*

» Cette recréation faisait l'objet de ses vœux, et fait aujourd'hui celui de ses joies et de ses triomphes. Elle commence à jouir de ce qu'elle n'a cessé de désirer.

» Tout est lié dans ses idées : à la restauration royale, elle a toujours voulu joindre la sienne propre.

» L'absence de la royauté des Bourbons fut pour elle un temps d'éclipse ; la présence d'une autre royauté créait une aristocratie parallèle à la sienne. Le retour des Bourbons lui présentait la perspective du retour à ses anciens postes : c'était pour elle le retour de la captivité de Babylone. Mais elle n'entendait pas que cette restauration fût complète pour le trône et ne le fût point pour elle, et lorsqu'elle a vu que les choses se passaient ainsi, on lui a entendu dire, qu'elle aussi était légitime. »

Dans Napoléon, ce n'était pas l'usurpation que l'aristocratie détestait ; mais le cortége de l'usurpation, c'est-à-dire ces principes et ce peuple d'*égalitaires* au milieu desquels cette royauté nouvelle lui commandait de se mêler.

Napoléon abattu, l'aristocratie fit effort pour se replacer ; « voyez comme tous se montrèrent, » le même jour, *aux postes qu'ils avaient occu-* » *pés il y a 25 ans !* » La Charte arrêta l'invasion et borna l'aristocratie à la Chambre des Pairs... Mais tous ceux des nobles qui n'y purent entrer, restaient sans place et *dans l'état où les avait mis la révolution*. Ils ont donc dû ne rien négliger pour sortir de *l'annulation* dans laquelle le nouvel ordre les plongeait ; et pour cela, ils ont dû chercher à *s'emparer de la Chambre des Députés*, comme moyen principal et direct de pouvoir, et comme moyen d'arriver par elle à toute l'administration de l'État, c'est-à-dire, à y occuper la place que l'aristocratie recherche toujours, qui est la *première*.

Ce que l'aristocratie vient de faire, elle le fera toujours ; elle a dû le faire, parce qu'elle est l'aristocratie... C'est dans sa nature (1).

Arrêtée dans sa marche par l'ordonnance du 5 septembre et par la loi d'élection, après avoir passé trois ans à frémir autour de ces barrières, elle vient de les renverser, elle vient d'*enfoncer les deux portes par lesquelles on l'avait fait sortir.*

C'est là le *fond des choses...*

En parlant ainsi, M. de Pradt est loin de vouloir accuser l'*aristocratie*, il regrette même

---

(1) Ceux qui haïssent les aristocrates, à leur place, feraient tout comme eux. (P. xviij.)

d'avoir vu reparaître ce mot qui porte sur des
» classes qui ont toujours été et qui seront tou-
» jours pour lui un sujet de haute considération
» et de sincère affection : classes d'ailleurs aux-
» quelles il appartient lui-même à double titre. »

Mais, dit-il, c'est un *chapitre de droit public*
que je fais.

Ici M. l'Archevêque de Malines déroule aux
yeux du lecteur un tableau animé des efforts de
l'aristocratie dans les deux mondes, pour conserver ou pour ressaisir le pouvoir.

Il montre cette question qui agita Rome pendant 500 ans, devenue aujourd'hui la question
universelle. Ce que Spartacus tenta pour Rome,
le monde entier le tente aujourd'hui. « La société
tout entière a pris la place des anciens esclaves ;
elle réclame son affranchissement. »

Tous les faubourgs Saint-Germain de l'Europe
sont en présence avec le reste de ses habitans.
(Rire général.)

C'est ce combat qui fait le tumulte de l'Europe.

Mais la résistance de l'aristocratie est vaine,
« l'Europe savante a déclaré qu'elle laissait à la
stupide Égypte d'adorer des animaux. »

L'aristocratie n'a plus ses anciens moyens de
domination, et cependant elle veut dominer en-

core. Dépourvue de ces moyens, elle prétend reconquérir une prépondérance qu'elle n'a pas su conserver lorsqu'elle en jouissait dans toute leur plénitude.

Ici l'auteur se demande comment-elle espère y parvenir?

A-t-elle un but? — Oui, c'est le pouvoir.

A-t-elle un plan? — Oui, le retour à 1815.

» Donnez-nous les hommes après les lois, a dit » un des chefs du parti. M. de Châteaubriand, » qui est *son premier évangéliste*, a tracé le reste » du plan, avoué publiquement par le parti, » dans le sein même de l'assemblée, qui s'unis- » sait hautement d'intention à tout ce qu'en li- » sait M. le général Foi. »

Quant aux moyens d'exécution, « l'aristocratie a pris son point de départ de la *Cour* qui lui appartient, et de la Chambre des pairs où elle domine. » Assurée de ces deux appuis, pour compléter sa suprématie, que lui restait-il à faire? prévaloir dans la *chambre populaire*. Ainsi, maîtresse dans les trois branches de la législature, elle le serait encore du *ministère*, et par celui-ci de *toute l'administration ;* par là, elle se trouverait avoir *reconquis la France !*

L'aristocratie n'attaque plus ouvertement la Charte : ses premiers essais lui ont trop mal réussi. Loin de là, elle affectera pour elle au besoin une sorte de respect, sauf à la traiter comme « ces souverains dont on baise les pieds et dont on lie les mains. »

Tous feraient, comme l'a dit l'un d'entre eux : « Je suis toujours à cheval sur la Charte, mais » c'est pour la crever. » (Rire général.)

Madame de Staël ne l'a pas dissimulé : « l'aristocratie est entrée dans la Charte, comme les grecs dans le cheval de bois, pour surprendre Troye. »

M. de Pradt distingue cependant entre la haute noblesse résidant à Paris, et par la même plus éclairée, et la petite noblesse la noblesse campagnarde, vivant obscurément au fond de la province, toujours obsédée par les mêmes préjugés.

Le moyen en effet pour celle-ci d'avoir appris l'œuvre de la Charte à l'armée de Condé, où dans les ruines de ses châteaux... La résignation n'est pas une vertu aristocratique.

Tout dépendait donc du nombre dans lequel entreraient dans la chambre populaire ces hommes *tout d'une pièce*, qui n'entendent à aucune composition.

. Le pouvoir absolu est la seule charte de cette classe : elle demande qu'un seul commande et que le reste obéisse, se proposant elle-même pour l'exécution , et vérifiant ainsi, sans peut-être s'en douter, ce mot profond de Tacite, *et omnia serviliter pro dominatione*. Obéir au chef pour tyranniser en sous ordre.

Mais cette aristocratie ne voit les choses que d'un seul côté. Dans son ardeur innée pour le pouvoir, elle ne calcule que lui, et ne songe pas aux résistances.

L'aristocratie est un état de station (ne rien apprendre et ne rien oublier), et l'état du monde actuel est un état d'avancement et de progression continuels.

L'aristocratie aurait contre elle, toute la civilisation moderne, toute la richesse moderne, toutes les lumières modernes, et toute la population moderne qui a un mode d'existence différent de celui de l'aristocratie. Or, en France, la proportion est de 1 sur 60.

Que l'aristocratie voie si elle est en état de soulever ce fardeau...

Vainement elle promet un gouvernement doux, un usage modéré du pouvoir... Cela pourrait être, *si elle en jouissait sans contestation ;* mais comme elle éprouvera des résistances, elle voudra les vaincre, et au jour du combat, elle se trouvera *seule contre tous...*

« C'est sous ce rapport général, dit M. de

Pradt, et dans cette liaison avec l'ordre général du monde, que m'a apparu *la loi des élections;* elle tenait tout entière à une question antérieure, celle que je viens de développer. »

C'est aussi, Messieurs, sous ce *rapport général* que vous devez envisager l'accusation, et non comme le voudrait le ministère public, sur quelques phrases tronquées, et sur des passages isolés qu'on a violemment séparés des faits qui les expliquent et des raisons qui les justifient.

Cette règle que je vous propose ici, je l'emprunte à Montesquieu : « Quand on voit dans » un auteur, dit-il, une *bonne intention générale,* » on se trompera plus rarement, si sur certains » endroits qu'on croit équivoques, on juge suivant l'intention générale, que si on lui prête » une *mauvaise intention particulière.* »

C'est sous ce point de vue, Messieurs, et à la clarté des vives lumières qui jaillissent de l'ouvrage tout entier, que je vais me livrer à l'examen des passages argués.

M. l'archevêque de Malines est accusé de trois délits, ou si l'on veut de trois crimes :

1º. De provocation à la désobéissance aux lois ;

2º. D'attaque formelle contre l'autorité constitutionnelle du Roi et des Chambres ;

3º. D'excitation à la guerre civile.

Délits prévus par une foule d'articles cités dans l'arrêt de renvoi.

Le ministère public a commencé par rappeler quelques principes ; je dois imiter son exemple, d'autant mieux qu'ici ma doctrine n'est pas tout-à-fait d'accord avec la sienne.

J'ai toujours eu dans l'idée que le ministère public n'avait pas cessé de regretter la doctrine des *provocations indirectes* qui, comme on sait, avait son siége dans la fameuse loi du 9 novembre. Et ce qui me le donne à penser, c'est que tout en paraissant accorder que la loi nouvelle n'admet plus ces provocations indirectes, qui ouvraient un si vaste champ aux accusations, il y revient toujours par des équivalens.

Ainsi, vous a-t-on dit, il n'y a plus lieu à distinguer entre les provocations directes et les provocations indirectes, mais le jury doit uniquement se demander s'il se sent *ébranlé*, s'il éprouve un *ébranlement ?* — Et qu'est-ce donc, je vous prie, que ce nouveau mot introduit dans la législation ? Quel sera cet *ébranlement ?* Le sage, celui que la chute du monde n'ébranlerait pas, demeurera impassible ; un juré faible, au contraire, sera ébranlé du plus léger choc, comme le roseau que le moindre vent agite. On propose donc ici une règle tout-à-fait arbitraire.

Il en faut une plus fixe pour décider la conscience des gens de bien. Et comme cette conscience est la même pour tous, pour tous aussi il faut reconnaître et proclamer que, d'après la loi actuelle, il ne peut y avoir *provocation* qu'autant qu'elle est *directe*, c'est-à-dire *formelle*.

C'est ce que je vais établir en peu de mots.

La simple critique d'une loi existante ne peut pas constituer ce que la loi entend par *provocation*. Le garde-des-sceaux lui-même l'a dit : « On peut critiquer la justice ou la convenance » des lois, on peut en solliciter le changement. »

A plus forte raison, le simple récit des discussions plus ou moins agitées qui ont précédé l'émission d'une loi, ne constitue ni crime ni délit, quand le récit est exact et qu'on ne peut y reprendre aucune infidélité. L'article 22 de la loi du 17 mai est formel sur ce point. « Ne don- » nera lieu (dit-il) à aucune action, le compte » fidèle des séances publiques de la Chambre » des Députés, rendu de bonne foi dans les » journaux. » A plus forte raison en doit-il être de même, si ce compte se trouve dans des ouvrages historiques ou politiques dont la publicité

8

est moins grande, la divulgation moins rapide, et la composition bien autrement recommandable que celle des simples journaux.

Ainsi, pour qu'il y ait provocation dans le sens de l'article 6 de la loi, il faut que la provocation soit *directe,* expresse, formelle en un mot.

On en doit dire autant de l'attaque contre l'autorité constitutionnelle du Roi et des Chambres.

1°. Il faut une attaque; et il ne suffit même pas d'une attaque quelconque, il faut une attaque *formelle;* c'est le texte même de la loi.

Ensuite il faut que l'attaque, bien que *formelle,* soit dirigée contre l'autorité *constitutionnelle.....* car si, au contraire, on a attaqué l'extension ou l'abus de l'autorité du Roi et des Chambres, en soutenant que cette extension ou cet abus allaient contre le texte de la loi constitutionnelle de l'Etat, on n'aura pas attaqué l'autorité dans ses limites constitutionnelles, on aura seulement voulu l'y faire rentrer.

Cette doctrine, au surplus, est parfaitement développée dans le passage suivant du discours de M. le garde-des-sceaux. Lors de la discussion de l'article 4, M. Mestadier avait proposé de supprimer le mot *formelle,* qui, dans cet arti-

cle, forme l'adjectif du mot attaque. M. le garde-
des-sceaux lui a répondu : « Cette expression
» *attaque formelle*, a pour but d'empêcher des
» interprétations dangereuses. L'article *doit*
» *être entendu dans ce sens*, que l'autorité
» elle-même sera franchement attaquée ; il ne
» doit pas empêcher les discussions légales sur
» les limites plus ou moins vagues qui peuvent
» exister entre les trois branches du pouvoir
» législatif, ou sur les formes dans lesquelles
» peuvent le plus utilement s'exercer ces trois
» pouvoirs, formes et limites qui sont souvent
» l'objet de vos débats ; aussi importe-t-il beau-
» coup d'avertir *les magistrats et les jurés* qu'ici
» l'attaque contre l'autorité du Roi et des
» Chambres doit être *formelle*, et équivaloir à
» une *provocation*. »

A plus forte raison, ces mots : *exciter à la
guerre civile*, excluent tout emploi de l'indirect
et de l'interprétation ; car *exciter* est encore plus
que *provoquer*; ce dernier mot appelle, invite ;
l'autre exprime quelque chose de plus vif, de
plus ardent ; il pousse, il presse, il précipite.

Voyons donc si, dans les passages argués, nous
retrouverons ces caractères de provocation *directe*,
d'attaque *formelle*, et d'*excitation*, qu'on a cru y
découvrir à l'aide du microscope de l'accusation.

8..

M. de Pradt est accusé d'avoir *provoqué à la désobéissance aux lois ;* et personne n'a parlé avec plus de force et d'élévation que lui , *de la dignité de la législation !* il en a fait un chapitre (1) tout exprès dans son livre.

Veuillez prêter votre attention aux passages suivans :

Avant-Propos , page xliij. « La tâche du lé-
» gislateur se compose de grandeur, c'est-à-dire,
» de générosité et de bonne foi. »

Page 5. « La législation qui est un temple où
» la vérité doit toujours trouver un asile, ne
» devrait point admettre de pareilles fictions ; et
» faite pour diriger les hommes, c'est à front
» découvert et avec des paroles de loyauté,
» qu'elle doit toujours se présenter devant eux.»

Page 15. « C'est un bien redoutable sacerdoce,
» que celui du législateur , et dont il ne devrait
» jamais être permis d'approcher qu'avec un
» cœur bien droit et une main bien habile.
» Quand on considère les conséquences des lois,
» on ne conçoit pas comment il se trouve des
» hommes qui en font l'objet de vues intéressées
» ou privées, comme si l'humanité était une ma-
» tière à expérience ; c'est ce respect sacré de

---

(1) Chapitre XII. *De la dignité de la, législation.*

» l'humanité qui doit toujours être présent à
» l'esprit et aux yeux du législateur, etc. »

Page 17. Ce haut respect dû à tant de titres
» à l'établissement des lois, l'est de même à
» leur maintien. Si le changement doit être
» tenté, que ce soit avec une circonspection
» infinie, etc. »

..... « Et comme en médecine il faut épargner
» les remèdes et les commotions aux corps phy-
» siques, de même en législation, il faut aussi
» épargner la surcharge et le remuement des lois
» aux corps politiques. »

Mais pourquoi vais-je chercher dans le corps
de l'ouvrage des preuves du respect que l'auteur
professe pour les lois, lorsque dans la page même
où je trouve le premier passage attaqué, je ren-
contre les pensées les plus nobles et les plus élevées sur la dignité, que dis-je, la sainteté des
lois, et le respect religieux qui leur est dû.

« Après Dieu, dit M. l'archevêque de Malines,
» ce qui est *le plus sacré à mes yeux*, c'est la lé-
» gislation ; elle est une *émanation de la divinité*
» *même*. En elle réside la conscience publique
» de l'humanité ; c'est à elle à former toutes les
» consciences privées, à les diriger et à les com-
» mander. Sous quels augustes rapports ne doit-
» on pas la présenter aux hommes ! Partout où

(118)

» l'on fait des lois , il devrait être écrit en lettres
» d'or : *Avant tout , respect à la loi.* »

Immédiatement après ces mots, commence le passage dont l'accusation a cru pouvoir s'emparer.

Mais outre que ce passage dont elle s'est emparée, n'a rien de blâmable, comme je vais le montrer tout à l'heure, je demande d'abord pourquoi tronquer ainsi la pensée d'un auteur ? Pourquoi séparer ce qu'il a réuni ?

Ici, l'idée est évidemment *une*. Les phrases délaissées et les phrases attaquées sont *dans le même alinéa*. La pensée de l'auteur a donc été qu'elles fussent inséparables. C'est ainsi qu'il lui a convenu de les offrir au lecteur. L'accusation ne pouvait donc pas les diviser sans dénaturer la pensée, sans lui faire violence (1).

Or, de ce passage ainsi restitué en son entier, résulte-t-il que l'auteur ait voulu provoquer à la désobéissance aux lois ? N'est-il pas évident, au contraire, qu'il a dit, *avant tout respect à la loi* ; et que c'est tellement là ce qu'il a voulu inculquer dans l'idée du lecteur, que ne pouvant écrire ces mots en lettres d'or dans son livre, comme il voudrait qu'ils le fussent partout où

____

(1) *Quod reus conjunxit, accusator non separet.*

l'on fait des lois, il les a du moins signalés à l'attention du lecteur, en leur imprimant un caractère particulier qui les distingue du texte : *avant tout , respect à la loi* (1).

Si maintenant nous entrons dans l'examen du passage même, tel qu'il est transcrit dans l'arrêt de renvoi, qu'y lisons nous ? « Les rois ne sor-
» tent point de leur palais sans un cortége propre
» à imposer et à faire ouvrir les rangs: de même
» que la loi ne doit sortir du palais de la législa-
» tion qu'environnée de tous les attributs qui
» attirent la vénération et l'obéissance. »

N'est-ce donc point là une belle et grande image qui honore également et la personne des rois, et l'œuvre de la législation , par l'heureux rapprochement qu'elle établit dans le respect qui leur est également dû? J'ai vu souvent dans nos livres qu'il fallait obéir aux lois; mais jamais, je l'avoue, ce principe si juste et si nécessaire ne s'est offert à moi avec tant de grandiose et d'é-lévation ; ce n'est pas seulement du respect de la part de l'auteur , c'est de l'enthousiasme, et , pour ainsi parler, de l'idolâtrie pour les lois.

Il est vrai qu'il se demande ensuite : « Si c'est
» ainsi que la loi nouvelle, que cette importante

---

(1) Ces mots sont en *italiques*, dans le livre de M. de Pradt.

» loi, qui, plus que toute autre, avait besoin de
» cet appui révéré, est entrée dans le code des
» Français? » Mais qui pourrait croire qu'après
avoir parlé avec tant de grandeur du respect
pour les lois, l'auteur eût voulu donner immédiatement l'exemple de son mépris pour elles?

Quel fruit pourrait se promettre l'auteur d'une
aussi scandaleuse contradiction ?

Aussi M. de Pradt s'est bien gardé d'y tomber. « Est-ce ainsi, dit-il, que cette loi est en-
» trée dans le code des Français et leur demande
» *l'adhésion de leur esprit*, les *affections du cœur*
» avec la *soumission extérieure et apparente ?* »
Entendez donc sa pensée tout entière.

Ici, et dans plusieurs autres endroits de son
ouvrage, l'auteur distingue entre une loi qui
ne renfermerait qu'un commandement sèche-
ment despotique,

Sic volo, sic jubeo, sit pro ratione voluntas;

et une loi qui porterait dans les esprits la conviction de son utilité pour le bien général.

La première loi, dit-il, ne serait qu'une *force
physique*, à laquelle, sans doute, il faudrait toujours obéir (cette règle n'admet pas d'exception);
mais enfin ce serait une force purement matérielle ; et par là même peu ou point agissante
sur les esprits : la seconde, serait une *force mo-*

rale qui commanderait les affections du cœur ; elle n'inviterait pas seulement à lui obéir, mais, par sa moralité même, elle augmenterait la moralité du peuple, et remplirait ainsi sa véritable destination.

C'est ce que l'auteur explique très bien dans divers passages, sur lesquels je dois appeler ici votre attention.

Page 154. « C'est par suite de la haute im-
» portance que j'attache à la force morale de la
» législation, et que je regarde comme sa seule
» force réelle, que je voudrais voir les dépo-
» sitaires de l'autorité faire porter leur confiance
» sur des appuis plus relevés que la seule majo-
» rité numérique. »

Page 141. « La législation ne doit pas être
» réduite à n'être qu'un simple jeu de forces
» physiques ; elle doit dépendre surtout de la
» force morale, résultant de l'évidence de la
» raison, que l'orateur romain (et après lui Bos-
» suet) appelle si bien la maîtresse de l'uni-
» vers. Quand, au contraire, celle-ci peut suc-
» comber sous le poids du nombre réuni contre
» elle, quand sa défaite n'est plus que le ré-
» sultat d'une opération algébrique, le principe
» de la législation est détruit par la racine ; *il y*
» *a encore des lois, mais plus de législation.*

» L'obéissance n'est plus qu'un *acte de sûreté*
» *personnelle*, mais non plus de cet *assentiment*
» *qui provient de la satisfaction de la raison* (1).
» Dans ce cas, *la révolte des bras serait illégale,*
» *et deviendrait fatale*, mais celle *du cœur est*
» *infaillible;* celle-ci n'est qu'une protestation
» en faveur des droits de la justice, et un appel
» à la seule sauve-garde de l'humanité, la loi
» d'après la raison, et non pas seulement d'après
» le nombre des votes. »

Page 53. « Quelle est la destination de la lé-
» gislation? régler et épurer l'homme, c'est-à-
» dire *le rendre moral*, en traçant devant son
» esprit, les règles d'équité et de conduite qu'il
» doit suivre.

» Et comment atteindre ce but, en lui pré-
» sentant, comme sa règle, des lois qu'il a vu
» naître des combinaisons d'intérêts privés, de
» manœuvres, d'intrigues, ou d'autres sources
» aussi peu recommandables? — *L'obéissance,*
» *il est vrai*, est un *acte de sûreté personnelle*,
» durable autant que la terreur et la contrainte,

---

(1) Ordinairement le législateur se contente de l'obéissance
extérieure; il n'a ni le droit, ni le pouvoir d'en exiger une
autre. *Le peuple chante, il paiera*, disait Mazarin. Donc,
pourvu qu'il paie, il peut chanter; donc, pourvu qu'il obéisse
à la loi, il peut en dire son sentiment.

» mais finissant avec eux. Dans tout cela, qu'y
» a-t-il pour la moralité du peuple, et sans
» cette moralité à quoi servent les lois? »

Je ne commente pas ici, Messieurs, mais je
vous le demande, est-ce là de la faction ou de
la raison? Est-ce là parler le langage d'un séditieux ou celui d'un archevêque? Et, pour rentrer dans le texte de l'accusation, est-ce là provoquer à la désobéissance aux lois?

Vous ne voulez pas seulement qu'on obéisse à
vos lois, vous voulez de plus qu'on les aime;
mais la justice elle-même a proclamé l'impos-
sibilité d'exiger un pareil culte. L'amour ne
peut se commander.

On a vu certains journaux traduits à la Cour
d'assises pour quelques articles relatifs à l'in-
violabilité des domaines nationaux. Quelle a
été leur défense? Elle a roulé sur cette proposition : Vous pouvez bien exiger des anciens
propriétaires qu'ils se soumettent à la loi qui
consacre la vente de leurs biens; mais vous ne
pouvez pas les forcer à la chérir : vous ne pouvez pas leur faire violence au point de leur fer-
mer la plainte et d'étouffer leurs regrets, quand
du reste ils obéissent extérieurement à ce que
la loi exige d'eux. Cette défense a triomphé. —
Les prévenus ont été acquittés — L'un d'eux

(chose inouie jusque là!) a même été acquitté par contumace ! C'était la *Quotidienne!*

Le chancelier d'Aguesseau dit en plus d'un endroit de ses OEuvres, *dura lex, sed lex ;* c'est une loi dure, mais enfin c'est une loi. On peut renverser les termes et dire aussi, c'est une loi, sans doute, mais une loi bien dure, *lex, sed dura lex.* C'est une loi, sans doute, mais cette loi est aristocratique, ce n'est pas une loi d'égalité, ce n'est pas une loi comme la nation la voudrait, et comme son intérêt exigerait qu'elle fût.

Non, Messieurs, la pensée de M. l'archevêque n'est pas seulement exempte de blâme, elle est digne d'éloges ; elle est grande, noble et profonde.

L'expérience prouve que les hommes changent plus aisément de domination que de lois. La plupart des conquérans ont échoué, quelques puissans qu'ils fussent, lorsqu'ils ont voulu forcer les vaincus à changer de législation (1).

Le plus petit peuple devient invincible quand

______

(1) Ainsi les Romains, qui s'entendaient non-seulement à vaincre, mais à conquérir, n'allaient pas imposer inconsidérément aux vaincus leurs lois civiles et de procédure. Contens de la souveraineté, ils négligeaient le reste. *Apud Romanos, jus valet gladii, cœtera transmittuntur.*

il combat pour de tels intérêts. Mais, pour ob‑
tenir de lui cet héroïsme de résistance, il faut
que les lois qu'il s'agit de défendre soient des
lois qu'il affectionne, des lois identifiées avec
ses besoins, ses mœurs, son bonheur, son exi‑
stence sociale ; autrement, proposez-lui de se
battre pour des *lois d'exception*, ou pour toute
autre manière d'être qui choque ses idées, ses
intérêts, ses souvenirs ou sa gloire ; dites lui :
Allons enfans de la monarchie, un ennemi féroce
a pénétré sur notre territoire, il vient nous arra‑
cher aux douceurs du *secret*, à l'impartialité de
la *censure*, etc., etc. Un peuple se rirait d'un tel
langage ; à l'instant même vous lui verriez com‑
mettre *le crime d'inertie*. Et voilà pourquoi Na‑
poléon a succombé ; ce n'est point qu'on l'ait
renversé, mais on n'a plus voulu le soutenir, on
l'a laissé tomber de lui-même : Il nous avait ravi
nos libertés, il avait tout renfermé dans le four‑
reau de ses épées.

L'intérêt est la mesure des actions (1). Les
hommes libres se battent pour conserver leur li‑
berté, les esclaves pour la conquérir. Faites
donc qu'on aime vos lois. Leur force morale
est tout. *Quid leges sine moribus ?*

____

(1) Voyez l'Âne de la fable.

Le passage que je discute est terminé par cette réflexion, qui s'applique à la loi *proposée;* « en » fut-il jamais une dont l'entrée dans le monde » fût marquée de signes plus funestes? »

La réponse à cette question se trouverait dans l'acte même d'accusation, si au lieu de s'arrêter à la question, on eût jugé à propos de transcrire la réponse suivante :

Page xlvij. « Avant sa naissance, météore » déjà menaçant, un parti la montrait à la France » dans un lointain effrayant; enfant réprouvé » par ses parens avant que de naître, elle avait » été *étouffée en* 1819, *des propres mains de* » *ceux qui la présentent aujourd'hui.* » (M. De-cazes lui-même, alors premier ministre, n'a-t-il pas dit, en parlant de la proposition de M. Barthélemy, que c'était la proposition *la plus funeste* qu'on eût pû faire?) « Conçue et enfantée dans » les douleurs des misères publiques, elle a reçu » le jour à côté de celui qui restera à jamais obs-» curci par un crime horrible... » (N'a-t-elle pas en effet été présentée le 14 février?...)

Il est inoui qu'on fasse le procès à un écrivain qui n'a dit que la vérité, quand cette vérité surtout repose sur des faits aussi éclatans.

Pour terminer sur ce premier chef, je ne ferai plus qu'une réflexion : elle est décisive.

M. de Pradt est accusé d'avoir provoqué à la désobéissance aux lois, c'est-à-dire à la loi des élections, car il ne parle que de celle-là.

Quoi! un homme ami de la Charte donner ce conseil! Un homme *qui craint que l'aristocratie n'envahisse la chambre populaire*, conseiller de déserter les élections? car remarquez bien qu'il n'y a pas d'autre moyen de désobéir à la loi des élections, que de ne pas aller voter; pas d'autre moyen de provoquer à y désobéir, qu'en détournant les citoyens de voter? Or, de bonne foi, M. de Pradt, a-t-il eu, a-t-il pu avoir cette pensée, lui et tous les hommes constitutionnels ne tiennent-ils pas absolument le langage contraire? ne disent-ils pas à qui veut l'entendre : allez, faites vous inscrire, *qui quitte la partie, la perd;* tout dépend d'une seule voix, ou si l'on veut, de cinq; nous en avons été témoins... Allez vite, ne perdez pas de temps; on vous fera mille difficultés sur vos pièces, sur vos impositions, sur vos qualités; attendez-vous à toutes ces chicanes, prenez-vous y d'avance, ne perdez pas courage. Envoyez-nous des députés amis du *Roi et de la Charte :* si la majorité est constitutionnelle, tout sera sauvé; dans le cas contraire, tout est perdu; allez, faites vous inscrire, et votez : votez surtout en votre âme et conscience, *et dans le sens de vos intérêts*. Quand un ministre est malade, il a grand soin de faire appeler au plus vite les plus habiles médecins; prenez pour défendre vos droits, les hommes les plus habiles, les plus courageux, les plus incorruptibles : faites comme lorsque vous plaidez; *donnez-vous alors votre procuration à votre partie adverse ?* choisissez donc, vous dis-je, non ceux que le ministère vous commandera ou vous recommandera de nommer, mais, comme l'a dit *l'alter ego* de Naples, dans sa proclamation constitutionnelle du 21 juillet, choisissez *les meilleurs parmi les bons*.

Ainsi se trouve bien démontré, j'espère, que M. de Pradt n'a point provoqué à la désobéissance à la loi des élections.

Maintenant, a-t-il commis le délit d'attaque formelle contre l'autorité du Roi et des Chambres?

On prétend faire résulter ce délit de ce que dit M. de Pradt, « qu'une loi aussi capitale n'a passé qu'à la majorité de cinq voix, et cela une heure après avoir été repoussée par une majorité contraire d'une voix; qu'on a tort d'appeler cela de la législation...; qu'une telle majorité n'a aucun poids dans l'ordre rationnel..., surtout quand ces cinq voix sont celles des cinq ministres promoteurs du projet...; que la majorité législative

n'est qu'une fiction convenue, celle de la représentation de l'opinion générale...; qu'il y a toujours un retour émis par la majorité législative,
au tribunal de la majorité nationale...; que dans
ce cas, la loi matérielle existe, mais que la loi
morale n'existe pas. »

Nous examinerons toutes ces propositions avec
soin.

Mais auparavant, et pour ne rien laisser sans
réponse, il faut discuter sommairement le second
passage signalé à votre animadversion par l'arrêt
de renvoi.

Dès la première ligne, je suis arrêté par ces
mots, « le *parti* qui a juré la perte de la loi
» d'élections. » (*Avant-propos, page* 1.)

Quoi! me dis-je, cet article signale un *parti*,
il n'attaque qu'un *parti*, il ne s'adresse qu'à lui,
et ce passage a paru criminel au ministère public! Est-il donc ordonné de respecter un *parti*,
est-il défendu de lui désobéir? Je concevrais
l'accusation si ce *parti* était en cause, si, par
exemple, l'*aristocratie* en corps (1) avait rendu
plainte, et qu'elle assistât à cette audience comme

____

(1) *Voyez* dans l'Esprit des Lois, livre XII, chap. 13, pourquoi les procès de la presse ne sont jamais plus fréquens que
lorsque l'aristocratie domine.

partie civile; mais comme je ne la vois point ici, et que ce n'est certainement point dans son intérêt que le procès a été suscité à M. de Pradt, j'en conclus que réellement le passage où il est question de ce parti, ne peut pas faire sérieusement la matière d'une accusation.

Voyons toutefois.

»— *Le parti qui a juré la perte de la loi d'élec-* » *tion dès le jour de sa naissance.* » — L'analyse de l'avant-propos a dû, j'espère, ne vous laisser à ce sujet aucun doute.

« *Depuis ce jour il n'a pas cessé de rugir autour* » *d'elle comme autour de sa proie.* » — Depuis ce jour, en effet, c'est-à-dire, depuis plus de trois ans, la loi d'élection n'a pas cessé d'être l'objet de ses attaques. Rappelez-vous les articles du *Conservateur*, les écrits de MM. De Bonald et Châteaubriand, et la proposition de M. le comte Barthélemy !...

» Ce parti (car c'est toujours lui qui gou- » verne la phrase, et il gouverne bien autre « chose vraiment !) ce parti *a saisi le joint que* » *la subtilité lui a offert.* »

Il y a *subtilité* quand on joue sur les mots (1).

---

(1) *Subtilitas verborum,* dit la loi 20, *-in fine,* au digeste, *de rebus dubiis.*

Or, le premier projet, celui que discute M. de Pradt, roulait précisément sur ce qu'on appelait l'interprétation du mot *concourir*; interprétation qui n'était conforme ni à la grammaire, ni à l'usage, ni à la Charte, et qui, bref, a fini par être retirée avec le projet lui-même.

« *En s'appuyant sur une majorité législative* » *obsédée de terreurs chimériques.* » — Que ces terreurs existassent, on ne peut le révoquer en doute. On avait alarmé la majorité sur l'existence même de la monarchie; ÊTRE OU N'ÊTRE PAS, *si la quatrième série arrive;* c'est à ce point extrême, à ce dilemme inquiétant, que le ministère avait réduit la question.

Maintenant, que ces terreurs fussent *chimériques*, c'est ce que M. de Pradt a fait voir de la manière la plus forte et la plus rassurante, dans son chapitre sur *la Dynastie.*

Ecoutez, Messieurs, la chose mérite de votre part la plus sérieuse attention.

(Analyse du chapitre *de la Dynastie.*)

Page 204. — « *Epineuse* question.

« Comment ne pas être affligé et ne pas élever la voix de la plainte, lorsque de tous côtés on n'entend parler que des dangers de la dynastie et du trône, chose sans exemple dans les annales du monde, et chez aucun peuple de l'Europe !...»

9..

205. — « Ce qu'il faudrait confier aux entrailles de la terre, si le malheur faisait qu'il existât, ils trouvent salutaire et beau de l'exposer sur la place publique ; en cela dignes rivaux de jugement et de zèle avec ces prêtres qui vont proclamant partout qu'il n'y a plus de foi, plus de religion, et plus que de la haine ou de l'indifférence pour elles : étrange manière de servir la religion et le trône ; que d'affirmer que l'on n'en veut plus, et que le monde appartient à l'incrédulité et au républicanisme ! »

206. — *Être ou n'être pas* la dynastie est perdue si la quatrième série arrive ; changez la loi d'élection ; voilà le mal et le remède !

207. — « Ici vont redoubler mes plaintes, dit M. de Pradt.

Ces plaintes, je les fonde :

1°. Sur la nature de la royauté ;

2°. Sur l'état de la France ;

3°. Sur l'impuissance de toute espèce de conspirateurs légaux ou illégaux. »

208. « Le premier besoin de la royauté est d'avoir foi à elle-même ; pour que les autres en aient, il faut commencer par en montrer soi-même ; et l'annonce de dangers possibles est la création de dangers réels.

Or, la royauté et la dynastie ont *beaucoup de motifs* pour se *rassurer* et se croire *affermies.*

Le premier besoin de la France constitution-nelle, c'est la royauté ; et le premier sentiment de la France est celui de ce besoin. *Il en est de même de la dynastie.* La nécessité la rappela ; laissons dire : c'est par cette porte qu'elle est entrée ; *j'y étais, et je l'ai vu.* Elle a beaucoup parlé de *ses titres,* c'est de *nos besoins* qu'elle devait nous entretenir. Si elle ne se fût pas trou-vée à nos portes, on eût été la chercher loin. Ce sont de pauvres appréciateurs des choses humaines, que ceux qui croient qu'on pouvait lui donner des suppléans. Napoléon était plus clair-voyant qu'eux, et dès long-temps avant sa chute, qu'il regardait comme certaine, il reconnaissait que *le rappel de la dynastie était la seule voie assurée à la tranquillité commune de la France et de l'Europe.* »

209. — « Le maintien de la dynastie est dans celui du repos public ; *comme le repos public est dans le maintien de la dynastie.* »

210. — «Un français raisonnable n'aime pas la royauté de toutes les affections de son cœur sujet au changement ; mais *de toute la puissance de sa raison, siége de la solidité.* »

211. — «Une institution telle que la royauté,

ne se forme ni ne s'ébranle dans un jour ; il y a là *quelque chose des colonnes d'Hercule ;* il en est de même de la dynastie. »

(L'auteur en rapporte plusieurs preuves.)

213. — « Où donc est le danger ? »

214.—«Dans les conspirations ?... (M. de Pradt les regarde comme impossibles. En effet, dit-il ,)

Ou les conspirateurs sont des hommes obcurs, des Pleignier, des Tolleron. De tels hommes ne peuvent appartenir qu'à la police; elle peut les opprimer aisément. »

215.— « Les conspirateurs sont-ils puissans et illustres ? (Ecoutez la réponse :)

Et qui est puissant en France, sinon la loi ! mais pour les hommes, il n'en est pas un seul : puissant, lorsqu'il n'est personne qui puisse disposer de trois hommes ; puissant, lorsqu'il n'est personne qui ne reste tout seul, au moment où il est séparé du pouvoir. L'homme le plus puissant de France , serait arrêté par le premier garde champêtre (1).

Je dis hardiment aux uns, rassurez-vous, le danger est loin ; aux autres, mettez bas toute

____

(1) La révolution , dit M. de Pradt, a détruit les individuaités ; il n'est resté que les masses ; elles seules seraient à craindre; et il le prouve par une belle déduction d'exemples , *p.* 126 *et suiv.*

conspiration, vous êtes en France, de plus puissans que vous y ont péri, et, pour votre propre intéret, mettez fin à un méchant métier. »

219. — Ainsi point de danger : « pour que la dynastie soit hors de danger, je ne lui demande qu'une chose ; c'est qu'elle ait beaucoup de foi en elle-même, et très peu dans ses *bruyans amis*. »

219. —« Craindra-t-elle la quatrième série ?...

— Pour cela il faudrait que les électeurs, (c'est-à-dire la masse) fût ennemie des Bourbons,... sous ce point de vue, l'objection est bien maladroite. » (Pag. 220.)

221. — « Mais voici ce qu'on craint : le transport de la majorité au parti libéral ; et pourquoi ? c'est que l'on sent bien qu'avec une majorité libérale, il faudrait dans le Gouvernement une marche *plus nationale*, c'est-à-dire, extrêmement conforme à l'ordre constitutionnel : voilà l'épouvantail véritable ! »

222. — (En résultat veut-on savoir au juste ce que produira cette quatrième série ? — le voici :)

1° « Elle rendra de la conformité à la Chambre qui, depuis 1816, est non conformiste avec elle-même.

2° » La majorité de la quatrième série don-

nera à la Chambre de la conformité avec la nation.

3° » Cette majorité forcera le Gouvernement
d'entrer tout-à-fait dans les voies constitutionnelles. (Pag. 223.)

» Mais dans tout cela , où se trouve le *danger*
pour la dynastie et pour le trône ?... »

L'auteur dès lors n'a-t-il pas eu raison de dire,
comme il l'a fait , que les terreurs dont on avait
obsédé la majorité de la Chambre étaient des
terreurs chimériques ?

Si , après avoir écrit de pareilles pages en faveur de la royauté, M. de Pradt était condamné,
il pourrait hardiment se retirer par devers les
cours de l'Europe , son arrêt d'une main et son
livre de l'autre, et dire aux souverains : ouvrez
et lisez : voilà ce que j'ai dit des Bourbons, de
leur dynastie, de leur restauration, de votre ouvrage enfin ; et j'ai été condamné , sous leur
règne , en leur nom, pour avoir osé dire que les
terreurs élevées sur la stabilité de leur dynastie
étaient des terreurs *chimériques ?* — *O ! cœcas
hominum mentes !*

J'ai ajouté, sans doute, que *ces terreurs étaient
l'ouvrage d'un parti ;* de ce parti qui *tire perpétuellement sur l'avenir des lettres de change en-
dossées par la peur ;* de ce parti qui au dehors est

en *requéte permanente* devant l'étranger ; qui, au dedans , s'est fait *accapareur de royalisme , de vertu , de probité ;* qui s'est dit exclusivement *les honnétes gens ;* qui appelle tout le reste de la nation, *démocrate, démagogue* ou *jacobin ;* tantôt menaçant de la *république*, et tantôt des *doctrines dont il fait les suppléans des faits qui lui manquent.* — Mais des gens qui font tout cela , sont évidemment un parti.

C'est encore ces gens-là qu'a eu en vue M. de Pradt, lorsqu'il parle des *décrépitudes* qui obstruent toutes les avenues de la cour et tiennent, pour ainsi dire, le trône en charte privée ; c'est à eux qu'il s'adresse, lorsqu'il dit : *Laissez-nous donc enfin voir le trône* (1) *; nous ne l'avons pas encore vu.*

Et il en donne les raisons : « *Plus nous con-* » *naîtrons le trône,* dit-il, *et plus nous l'aime-* » *rons ;* plus il nous aimera ; leur *interposition* » entre lui et nous nous a empêchés de nous » connaître et de nous aimer mutuellement. » (P. lxxvij.)

Pourquoi faut-il que la discussion ne puisse finir ici, et que je sois réduit à continuer des

______

(1) *Longè fugabuntur qui absorbebant te.* (Isaïc.)

explications aussi pénibles? Elles auront du moins pour effet, de prouver de plus en plus que toutes les allégations de M. de Pradt sont basées sur les faits les mieux avérés.

« *Il a remis entre les mains de son nouvel al-* » *lié, le ministère, cette arme vile et faible.* » Cette arme vile et faible, c'est-à-dire, l'*équi-voque* sur le mot *concourir.* Arme *faible* parce qu'elle est vile ; arme *vile* parce qu'elle est de mauvaise foi, « tandis que la Charte, qu'on » prétend interpréter, est et ne peut être qu'un » acte de haute bonne foi, de la sincérité la » plus épurée, de la droiture la plus sévère. » (P. 160.).

« *Le ministère, son nouvel allié.* » Le ministère s'est-il *allié,* oui ou non, avec l'aristocratie? A-t-il voté, oui ou non, avec le côté droit? Est-ce *nouvellement?* — Oui, car ce qu'il a soutenu en 1820, il l'avait combattu en 1819; il disait alors que la proposition de M. Barthélemy était la plus *funeste* des propositions. L'annexe de 68 Pairs n'a eu lieu que pour faire rejeter cette proposition ; et en 1820, on en eût adjoint un cent de plus, s'il l'eût fallu, pour faire admettre cette proposition. Voilà du *nouveau* sans doute !

Et quel est le résultat de cette manœuvre? Elle

*a suffi pour faire dépouiller le peuple français de
ses droits et le livrer à l'aristocratie.* — Dépouillé,
sans doute, puisque les électeurs payant 3oo fr.,
qui jusqu'à présent avaient *concouru* à toutes les
élections, sont *exclus* des collèges de départe-
mens. Dépouillé, puisque le contrat formé avec
eux par la Charte et par la première loi, a été
détruit par la loi nouvelle. Et ce qu'ils ont ainsi
perdu a évidemment été *livré à l'aristocratie*
sous le titre de *grande propriété*, puisqu'elle a
aujourd'hui ce qu'elle n'avait pas avant la loi,
le droit exclusif de voter dans deux collèges au
lieu d'un seul; *Charte ravie*, en ce que nous
voyons à présent un *privilége*, au lieu de *l'égalité*
qu'elle avait consacrée !

L'Histoire, dit ensuite M. de Pradt, *n'offre
pas un exemple d'une semblable déception appliquée à la décision du sort d'un grand peuple.* —
Osez le démentir. S'il en existe un second,
citez-le; cela fera deux, mais l'un ne justifiera
pas l'autre.

M. de Pradt appelle cela une *déception;* plus
loin, il l'appelle *supercherie.* M. Royer-Collard,
que sa qualité de fonctionnaire n'empêchait pas
de dire toute sa pensée, au risque d'être nommé
conseiller d'état honoraire, M. Royer - Collard
l'a appelée *mensonge* dans un discours prononcé

à la tribune, et que tous les journaux ont repro-
duit. L'Histoire n'a-t-elle pas le même droit (1)?

Nous voici arrivés à la majorité de cinq voix,
au crime d'avoir dit (avec bien de *l'indiscrétion*
assurément), « qu'une loi aussi capitale avait
» reçu l'imposante sanction *de cinq voix*, et cela,
» une heure après avoir été repoussée par une
» majorité contraire *d'une voix.* »

Ici, Messieurs, M. de Pradt n'est qu'un historien; il raconte ce qui s'est passé sous ses yeux
et sous les nôtres.

Dans les gouvernemens où la loi se prépare
obscurément et se consomme à *huis clos,* comme
on ne connaît de la loi que le texte de la loi
même, il est impossible, et d'ailleurs il ne serait pas décent, d'aller aux écoutes de ce qui se
passe dans le cabinet du législateur, pour en
faire ensuite la matière d'une chronique scandaleuse; mais dans un gouvernement représentatif,
où tout est public, où la loi se propose, se discute, et se vote en présence de la nation et sous
ses yeux, les livres ne sont que l'écho de la tri-

---

(1) C'est un *mensonge,* dans le sens de M. Royer-Collard,
et une *déception,* dans le sens de M. de Pradt, parce qu'au
sens droit et ouvert de la Charte, on s'est efforcé de substituer une
interprétation fausse et dont la mauvaise foi contraste avec la
bonne foi de la Charte. (*Voyez* l'ouvrage, p. 160 à 175.)

bune, et tout se réduit à savoir si les faits ra‑
contés sont vrais ou faux.

La loi elle-même a pris soin de le dire. Celle
du 17 mai, en vertu de laquelle M. de Pradt est
poursuivi, dit en propres termes, article 22 :
« Ne donnera lieu à aucune action, le *compte*
» *fidèle* des séances publiques de la Chambre
» des Députés, rendu de *bonne foi* dans les
» journaux. (1) »

Or, si les journaux peuvent le répéter sans
danger pour eux-mêmes, comme sans offense
contre la société, qui douterait que le même
droit n'appartienne, à plus forte raison, à des
compositions d'un ordre plus relevé, à des ou‑
vrages de Droit public, d'Histoire et de Légis‑
lation ?

Un écrivain auquel personne ne conteste le

____

(1) Voyez l'Angleterre; avec quelle liberté n'y parle-t-on pas
en ce moment, du procès entre le roi et la reine ? Défend-on
aux journaux d'en entretenir le public, sous prétexte que cela
déconsidérerait la royauté ? Ce reproche serait fondé si, de
leur chef, ils attaquaient les augustes personnages qui sont en
présence; mais s'ils ne racontent que ce qui se passe au Parle‑
ment ; ce qui s'y dit, ce qui s'y fait ; quand même il en ré‑
sulterait une déconsidération des personnes et de leur qualité,
on ne pourra pas dire que ce soit la faute des écrivains ; ce se‑
rait alors la faute des faits. *Factum lex, non sententiam notat.*
L. 43, §. *de rit. nupt.*

mérite d'une grande habileté (M. Fiévée), donne chaque année l'*Histoire de la Session des Chambres* ; pensez-vous que, pour cette fois, il sera moins libre que les années précédentes, et qu'il ne lui sera pas permis de raconter les choses comme il les aura vues ?

M. de Pradt a usé du même droit : journaliste, il eût rendu compte des séances ; historien, il fixe les faits ; publiciste, il en raisonne.

Critiquer *la forme* sous laquelle une loi a paru, ce n'est pas contester, ni, à plus forte raison, attaquer l'*autorité constitutionnelle* du Roi et des Chambres.

Cette autorité constitutionnelle est le *droit,* qu'on ne méconnaît pas , qu'on respecte.

Mais les circonstances de la discussion sont des *faits* qu'on raconte et qu'on discute.

Les procès-verbaux de l'assemblée , les journaux, l'imperturbable *Moniteur* sont là.

Eh bien ! maintenant, reprenons notre passage :

La loi a reçu l'imposante sanction d'une majorité de cinq voix. — Je vous le demande, en a-t-elle obtenu davantage ?

« *La veille, elle avait été repoussée par une* » *majorité contraire d'une voix.* — N'est-ce pas encore vrai ? Tout le monde même, n'était-il

pas dans l'opinion, que sans je ne sais quelle ardeur de discourir, qui a fait remettre la délibération au lendemain, si l'on eût voté de suite,
séance tenante, au lieu de deux discours de plus,
nous aurions une loi de moins? Chacun n'a-t-
il pas dit : Vous savez vaincre Camille;.... mais
il fallait qu'on vous laissât profiter de la vic-
toire !

« Cinq voix ! et quelles voix encore, cinq
» voix de ministres ! »

Que n'ont pas dit les journaux, sur les cinq ministres, les beau-pères de ministres, les demi-
ministres, autrement dit, les directeurs-géné-
raux, etc., etc.! et pourtant on ne leur a pas
fait de procès, parce que tout cela était de fait et
d'évidence.

Mais M. de Pradt entre plus avant dans la
question, il ne déclame pas, il raisonne : il
demande si le ministre qui propose une loi, peut
encore en voter l'adoption ; s'il ne se constitue
pas ainsi juge et partie ; si son suffrage est bien
libre, si le ministre n'absorbe pas le député, surtout quand on se rappelle qu'un ministre de 1815
a eu la naïveté de déclarer à la tribune, « qu'il
» pensait comme ministre autrement que comme
» individu. » (P. lvj.)

Il oppose l'exemple de l'Angleterre, où les

ministres votent; parce qu'au lieu de proposer exclusivement la loi, et de la défendre avec l'amour-propre qu'on met à soutenir son propre ouvrage, ils la laissent présenter par d'autres membres du parlement; de sorte qu'en apparence, du moins, ils conservent leur indépendance de vote et de discussion.

A propos de cette majorité de *cinq voix* dans la Chambre des Députés, M. l'avocat-général a objecté que la majorité avait été bien plus considérable dans la Chambre des Pairs. Je ne m'en étonne pas. Cela rentre dans le système de M. de Pradt. La loi était *impopulaire*; il a fallu le suffrage de cinq ministres pour forcer le passage dans la Chambre des Députés; cette même loi était *aristocratique*, elle a dû passer d'emblée dans la chambre de l'aristocratie.

Après avoir rendu compte des contradictions, des variations, des hésitations qui ont accompagné toute cette discussion, M. de Pradt s'écrie, je l'avoue, avec un peu d'humeur et comme entraîné par le sentiment douloureux qui l'oppresse: « *et l'on appelle cela de la législation !* » *et l'on exige du respect pour cela !* »

« *Cela !* c'est-à-dire, cette manière de faire en général, si différente de l'idée que M. de Pradt a conçue de la dignité des lois, qui, à l'exemple des rois ; ne devraient, dit-il, sortir du palais de la législation qu'environnées de tous les attributs qui attirent la vénération et l'obéissance.

« *Et l'on exige du respect pour cela !* » pour ces oscillations, pour ce passage subit de la minorité à la majorité, de l'infériorité d'une voix, à la supériorité de cinq voix. C'est ce qu'il développe immédiatement après, par cette réflexion (P. lij) : « Quels motifs, dit-il, de pareilles va-
» riations ne donnent-elles pas au vulgaire, tou-
» jours méfiant, de prêter à ceux qu'il voit s'y
» laisser aller ; et que ne dit-il pas ? »

Page 140. « La loi a-t-elle passé ? la loi pas-
» sera-t-elle ? Combien d'un côté, combien de
» l'autre ? Ces indignes mots ont trop souvent
» frappé mon oreille ; lorsque je les entends,
» je ne me sens plus dans le sanctuaire auguste
» où se balance le destin des mortels, sous les
» yeux et par la main de la justice ; mais vis-à-
» vis les amphithéâtres sur lesquels une roue
» mobile distribue au hasard les faveurs d'une
» aveugle déesse, entre le peuple d'aveugles, qui
» a déposé sa fortune sur ses capricieux autels.»

Page lx. M. de Pradt dit encore : « Sûrs
» d'une majorité dévouée, comptant sur une
» alliance dont ils devraient s'étonner, les mi-
» nistres avaient l'air de dire : *nous voulons la*

» *loi ; nous sommes en force pour la faire, nous*
» *l'aurons ; la Charte dira ce qu'elle voudra,*
» *vous aussi, nous avons la majorité, la loi*
» *passera ; car avec nous, pourvu qu'une loi*
» *passe, c'est tout ce qu'il faut....* Je n'invente
» pas, M. Bourdeau l'a dit : *à quoi bon tant dé-*
» *libérer? La chose est décidée. Aux voix !* On
» appelle cela faire des lois! (1) »

Ainsi ce n'est pas sur la *loi*, mais sur la *ma-nière* dont on s'y est pris pour la faire passer, sur la manière dont les ministres ont obtenu et gouverné la majorité, que porte de tout son poids la réflexion de M. de Pradt.

Du reste, il ne conteste ni le *droit* qu'avaient le Roi et les Chambres de faire la loi, ni l'o-béissance qui lui est due; seulement il soutient qu'une loi votée à la majorité de cinq ministres, et surtout de cinq ministres promoteurs de cette même loi, n'emporte pas autant d'autorité dans *l'ordre rationnel*, que si la loi avait reçu la sanc-tion d'une majorité plus indépendante, plus nom-breuse, et par conséquent plus imposante......
« Dans ce cas, dit-il, la *loi matérielle* existe,

---

(1) Si un juge disait à un avocat, tu as beau dire : les opi-nions sont faites, ton client est condamné d'avance. *On ap-pellerait* CELA *faire des jugemens !*

» mais *la loi morale* n'existe pas. » C'est la même théorie que j'ai déjà expliquée; et qui roule sur la distinction entre l'*obéissance extérieure*, due à toute loi, même mauvaise, et l'adhésion d'esprit, de cœur et d'affection qui ne se commande pas, et ne peut être que le résultat de la conviction intime de l'utilité et de la convenance de la loi.

Mais, a dit M. l'avocat-général, il faut bien s'en tenir à la majorité; la majorité d'une voix est aussi bien la majorité que celle d'un plus grand nombre.

Sans doute, aussi votre loi est-elle loi; aussi faut-il lui obéir, aussi nous comptons bien aller aux élections.

Mais cela convenu, il est permis de dire qu'une loi d'élection est une *loi de souveraineté*, puisqu'elle assigne le partage des pouvoirs publics entre les mains des membres de l'association; que, par conséquent, il serait à désirer que pour les lois de ce genre, la majorité fut plus forte et plus généralement prononcée, que lorsqu'il s'agit de l'échange d'un terrain communal, ou de voter le paiement de quelques millions à la régence d'Alger. C'est ainsi que dans les États de Darm-stat on a érigé en règle fixe « que toutes les » lois constitutionnelles ne peuvent être sou- » mises à aucun changement qu'avec le consen-

» tement des deux chambres et l'adhésion des
» *deux tiers* des membres présens de chaque
» chambre. »

« M. de Pradt, en discutant ici la loi sous le
rapport *moral*, et eu égard aux *circonstances* de
sa confection, ne fait que ce qu'on a fait de
tous temps, ce que nous voyons faire, ce que
nous faisons tous les jours.

M. l'avocat-général m'a mis sur la voie des
exemples, en me citant celui du jury. Lorsque
huit jurés, dit-il, sont d'avis du *oui* ou du *non*,
leur volonté est censée être la volonté du jury
tout entier.

Sans doute, dans la cause sur laquelle ils
ont prononcé; mais, hors de là, si l'on veut
alléguer leur décision comme un précédent, et
s'en autoriser dans d'autres affaires; alors cette
décision pourra être examinée sous le *rapport
moral*, et son autorité pourra être combattue
sous ce point de vue; car il n'arrive pas toujours que le public ratifie les décisions du jury;
les jurés, en rentrant chez eux et dans le monde,
ne reçoivent pas toujours des complimens sur
les décisions qu'ils ont portées. Tantôt on leur
dira, vous avez été trop sévères ; une autre fois,
vous avez été entraînés, influencés, choisis, etc.

C'est encore ce qui arrive toutes les fois que nous citons des arrêts.

Leur autorité est sans doute respectable; à défaut de loi précise, ils deviennent le supplément de la législation (1).

Sur quoi cependant repose cette autorité? sur une fiction : *res judicata pro veritate habetur.*Cette fiction produit un effet irrésistible dans l'affaire même pour laquelle l'arrêt a été rendu. Mais, lqrsqu'il s'agit de faire servir l'autorité de ces arrêts à la décision d'espèces analogues, on peut examiner si la fiction est ou non conforme à la vérité. Comme il ne s'agit plus que de la *force morale* de cet arrêt, on peut soumettre à la discussion toutes les circonstances au milieu desquelles il a été rendu ; les temps, les lieux, les personnes des parties et des juges; alléguer qu'il y a eu partage, que le ministère public avait donné des conclusions contraires; en un mot, tout ce qu'on allégue en pareil cas pour atténuer l'autorité qui s'attache à la facture des arrêts (2).

---

(1) *In ambiguitatibus quæ ex lege profisciscuntur, rerum judicatorum autoritas*, VIM LEGIS OBTINET. Loi 38 . ff. *de legibus.*

(2) C'est ce que faisait toujours Dumoulin. *Quandò mihi opponas arrestum*, dit-il, *dic etiam mihi, pro quo, contrà*

De même, quand on cite des lois, si ce sont des lois peu favorables, on cherche à les restreindre. Cite-t-on une loi de la révolution? on a bien soin (et le ministère public n'y manque guère) de rappeler qu'elle a été portée au milieu de la *tourmente révolutionnaire*, dans ce temps où l'on faisait des lois *par douzaine*; qu'elle se ressent de *l'esprit du temps*; que le rapporteur de cette loi était *un tel*, et mille autres choses enfin.

Mais, pour nous placer dans une position encore plus forte vis-à-vis de l'accusation, rappelons ce qui se passait autrefois dans le sens des hommes *monarchiques* : le roi était autrefois seul législateur en France; il gouvernait à *son bon plaisir*; il faisait toutes les lois de *sa certaine science, pleine puissance et autorité royale : si veut le roi, si veut la loi*. C'est ainsi qu'ils entendent cette règle. Suivant eux, l'enregistrement au parlement n'était pas rigoureusement nécessaire, et le pouvoir de ce corps n'était à leurs yeux qu'une usurpation soutenue, il est vrai, par des exemples, mais aussi des exemples souvent contestés. Ils prétendent du moins que le parlement n'avait qu'un droit de *remontrance*;

---

quem, à quo judice datum sit, et quo tuente advocato. Adde Bacon, *in aphorism. de exemplis et eorum usu.*

et que ce droit une fois exercé, si le Roi persis‑
tait à vouloir, et fesait entendre des *ordres ab‑*
solus, il ne restait au parlement que la *gloire d'o‑*
béir.

Eh bien ! Messieurs, même autrefois, dans
tous nos livres, nous trouvons la preuve de lois
critiquées et entravées dans leur application, soit
pour défaut absolu d'enregistrement, soit pour
n'avoir été soumises à cette formalité qu'après des
lettres de jussion, mainte fois réitérées ; soit enfin
parce que les parlemens n'avaient cédé que comme
forcés et contraints dans ces *lits de justice*, ainsi
nommés, dit-on, parce que la justice y dormait.

En faut-il des exemples ?

Je n'en citerai que deux, mais notables, l'un
dans l'ordre politique, l'autre dans l'ordre civil.

Le *concordat* (cet exemple n'est point déplacé
dans la cause) n'a jamais été reconnu par le par‑
lement (1). Il n'avait pas oublié l'opposition du

____

(1) « Le Concordat fut paisiblement imprimé, publié et affi‑
ché ; mais le Parlement, fidèle à ses sermens, continua de juger
toutes les affaires qui se présentaient, conformément aux décrets
de la Pragmatique, et affecta long-temps de méconnaître le
Concordat. On ne parvint à se délivrer de cette contradiction
embarrassante, qu'en lui ôtant la connaissance de ces sortes
d'affaires, pour les attribuer au grand-conseil, comme nous le
rapporterons dans la suite. » (VELY, *Histoire de France*, édit.
in-4°. tom. XII, p. 99 à 105).

procureur-général de Saint-Romain, celle de l'Université, de la Sorbonne et de presque tout le clergé de France.

On disait hautement, on imprimait librement, que le roi et le pape s'étaient donné réciproquement ce qui ne leur appartenait pas, la présentation et la nomination. Le clergé n'a cessé depuis ce temps et toutes les fois qu'il l'a pu, de réclamer l'ancienne *loi des élections*, cette loi démocratique qui supposait que le choix du peuple était le plus agréable à Dieu, *vox populi, vox Dei*.

A-t-on traduit les opposans ou les réclamans à la *tournelle criminelle?*

L'autre exemple est celui de l'ordonnance de 1629, appelée aussi le code Marillac ; loi qui ne manquait pas de sagesse et qui obligeait notamment les nobles à signer leur nom de famille, au lieu de se désigner perpétuellement sous des noms de terres et de châteaux ; Pothier l'appelle *la belle ordonnance ;* et cependant il convient, et tous les auteurs avec lui, qu'elle n'a jamais reçu d'exécution, parce que l'enregistrement de cette ordonnance, refusé ou négligé dans quelques parlemens, forcé dans d'autres, ou accompagné de restrictions, n'avait jamais été fait avec cette liberté de suffrage et cette maturité de vérification qui fait le principal caractère des lois.

Alors, notez même, on ne critiquait pas seulement les formes de la législation et la conduite du ministère ; mais on *s'attaquait à la loi elle-même ;* on *contestait au roi le droit de faire seul les lois ;* on *résistait à l'exécution de la loi ;* on s'efforçait d'en détourner l'application, et souvent même on y réussissait.

Ici, au contraire, **M.** de Pradt reconnaît la toute-puissance *de la loi comme loi,* comme loi matérielle, commandant l'obéissance et devant l'obtenir ; mais comme force morale, objet de nos affections, agissant sur les cœurs, dans l'*ordre rationnel,* il vous dit : « que la puissance du légis-
» lateur ne va pas jusqu'à commander l'adhésion
» de l'esprit et du cœur, et qu'il y a toujours un
» retour du vote émis par la majorité législative,
» au tribunal de la majorité nationale, qui le
» confirme ou qui l'infirme (1). »

En tout cela, Messieurs, nous ne trouvons rien de ce que l'accusation a cru découvrir dans l'ouvrage de M. de Pradt :

---

(1) Cette proposition, dont le passage attaqué ne renferme que le simple énoncé, se trouve développée dans le chap. XIII. *Voyez* p. 155.

1°. *Point de provocation à la désobéissance aux lois ;*

2°. *Point d'attaque formelle contre l'autorité constitutionnelle du Roi et des Chambres.*

Ainsi s'évanouissent les deux premiers chefs d'accusation ; voyons ce qui regarde le troisième.

Mgr l'archevêque de Malines est accusé d'avoir *excité à la guerre civile !* Ah ! Messieurs, quel deuil pour l'Eglise, si l'un de ses prélats les plus distingués avait à ce point méconnu les préceptes de l'Evangile et les devoirs de son état ! C'est déjà un grand scandale qu'on ait osé l'en accuser ! ce serait un plus grand malheur encore qu'on pût réussir à l'en convaincre ! Mais non, Messieurs, que la religion se console, que la morale se rassure, l'archevêque de Malines n'a point excité ses concitoyens à la guerre ; il a horreur du sang (*abhorret à sanguine*), et c'est parce qu'il en a horreur, qu'il a parlé avec tant de sensibilité, de chaleur et d'entraînement, d'un évènement qui, grossi encore pas les distances, n'a pu lui être raconté sans navrer son âme de la plus profonde douleur.

« Le sang français a coulé. » — Hélas ! oui, dans Paris même...

« *La représentation nationale a été violée.* » — Elle l'a été dans la personne de ses députés, outragés, menacés, insultés. Plusieurs jours de suite la tribune a retenti de leurs plaintes...Quelle satisfaction légale ont-ils obtenue ?

Et cependant « *l'enceinte de la Chambre des Députés est aussi sacrée que le palais du Roi ;* » — puisqu'ils participent avec lui à l'exercice de la souveraineté ; puisqu'ils sont, comme lui et avec lui, dans l'ordre de leurs pouvoirs respectifs, les représentans de la nation.

On a vu des « *citoyens assaillis par la garde* » *du prince ; le palais où réside la majesté royale* » *changé en château fort !...* » M. le général Foy s'en est étonné lui-même ; il a blâmé comme *impolitique* l'emploi de la garde du prince dans cette fatale occasion. Préposée à sa défense, a-t-il dit, la faire marcher, c'était faire croire que le prince lui-même était attaqué, tandis que de fait il ne l'était pas.

Il parle d'individus *que décore un habit qu'ils déshonorent.* — Eh bien ! que ces individus se montrent, qu'ils se nomment, qu'ils viennent revendiquer l'injure, on leur répondra. Ce sera la matière d'une action particulière de leur part ; mais ce ne peut être le sujet de l'accusation actuelle.

« *Paris a revu les dragonnades.* » Les a-t-on revues en effet ? N'y a-t-il pas *dragonnade,* toutes les fois que le sabre des dragons brille là où l'on aimerait à ne voir que le paisible bâton du constable? n'y a-t-il pas dragonnade, quand la voix pacifique du magistrat civil est couverte par les *houra* d'une cavalerie lancée à travers un peuple sans armes?

« *Paris a revu les irruptions du prince Lambesc dans les Tuileries.* » Il a vu, du moins, les irruptions de la cavalerie sur les *trottoirs* assignés pour retraite aux modestes piétons ; il a vu l'invasion du *passage de Lorme ;* il a vu les fuyards éperdus et poursuivis avec obstination jusque dans les allées des maisons particulières. Les journaux du temps sont pleins du récit de ces scènes déplorables.

« *On a vu des citoyens assassinés par des soldats qu'ils paient pour les défendre.* » — N'est-il pas vrai qu'ils les paient? n'est-il pas vrai que c'est pour les défendre et non pour les charger? n'est-il pas vrai enfin qu'il y a eu des citoyens tués et blessés? Dubief a-t-il été frappé justement ou injustement? Le jeune Lallemant méritait-il la mort?... — On annonce une procédure commencée ; l'instruction s'est déjà faite à la tribune. — Il y aurait eu un homicide, il ne faut pas pour cela le transformer en assassinat. Eh! n'est-ce donc rien qu'un *homicide?* Un seul ne suffit-il donc pas pour excuser cent pages de doléances et de regrets? Et qui douterait du grand nombre des victimes, puisqu'on y allait avec si peu de discernement, qu'au milieu du pêle-mêle, un maréchal de France a été méconnu, battu et foulé comme un simple séditieux?

Le langage de M. de Pradt est celui de l'étonnement, de la plainte, de l'indignation, des regrets! Il déplore le sang versé, mais il n'excite pas à le répandre; il n'appelle pas la vengeance, il ne crie point aux armes, il ne dit point comme le poète :

Ferte citi flammas, date tela, scandite muros.

Voilà le langage de la haine, de la vengeance, de l'excitation à la guerre; mais ne confondons pas avec un délire sanguinaire l'objurgation dirigée contre ceux qui ont versé le sang innocent.

Lucain, en racontant les guerres civiles et celles qu'il appelle plus que civiles, *bella plus quam civilia*, excitait-il les Romains à recommencer, et ne voulait-il pas plutôt leur en inspirer l'horreur?

Rousseau excitait-il les Suisses à la guerre civile, lorsqu'il leur disait, en 1712 :

Où courez-vous cruels? quel démon parricide
    Arme vos sacriléges bras!

L'archevêque de Malines a exprimé le même sentiment, en retraçant des scènes d'horreur et en s'écriant, dans l'excès de sa douleur : *quel spectacle offre tout ceci ! Grand Dieu ! où sommes-nous, où nous a-t-on conduits ?*

Mais voyons ; que propose-t-il dans sa fureur, cet homme de sang qui veut armer ses concitoyens les uns contre les autres? — Il demande » *le renvoi de ceux qui nous ont menés au bord* » *de cet abyme.* » Ainsi, voilà sa vengeance, et c'est là ce qu'on appelle *exciter à la guerre civile !*

Répondrai-je maintenant au reste de l'article, à ce vœu qu'il exprime pour voir *s'éloigner de nous* ceux qui ne veulent pas absolument vivre avec nous ? Certes, ce n'est pas là proposer d'en venir aux mains et de s'entr'égorger.

« *Sans eux*, dit-il, *la France a commandé à* » *l'Europe; avec eux, elle a été commandée par* » *elle.* » Faut-il insister sur la vérité de cette proposition ?

Il parle de l'*entourage du trône ;* il voudrait le voir dégagé. C'est la même idée que celle qu'il a déjà si vivement exprimée en disant : « qu'ils » nous laissent enfin voir le trône ; nous ne » l'avons pas encore vu ; *plus nous connaîtrons* » *le trône, et plus nous l'aimerons.* »

Sentimens vraiment dignes d'un homme sin-

cèrement attaché à la royauté, d'un homme
enfin qui a pris trop de part à la restauration,
» pour que son résultat ne l'affecte pas plus
» qu'un autre. »

Ceci me conduit à parler en dernier lieu de la
note qui renferme cette phrase et qui se trouve
au bas de la page lxxiv de l'Avant-Propos.

Le sens de cette note a été singulièrement
travesti par le ministère public. Il a supposé que
l'auteur avait voulu calomnier la restauration,
en disant qu'elle avait *mal réussi ;* mais il n'a pas
remarqué que M. de Pradt ajoute « mal réussi,
» *contre sa nature ;* » donc, sa nature en soi n'a
rien de malfaisant : donc il pouvait espérer
qu'elle ne produirait que de bons résultats.

Mais trente ministres successivement employés,
pris, quittés et repris depuis 1814, ont pu suivre
de faux systèmes, même avec de bonnes intentions; le Roi lui-même dans sa proclamation de
Cambray a dit : « mon gouvernement devait
» faire des fautes; *il en a fait.* »

Et si du reste M. de Pradt en relève quelques-
unes dans le cours de son ouvrage, qu'on ne
croie pas que ce soit par antipathie contre le
ministère, ou par haine contre tel ou tel ministre, ou par aversion pour le gouvernement :

la lecture de deux ou trois passages de son livre va vous en convaincre aisément.

Page 58. « On pourra voir dans le cours de
» cet ouvrage que la haute idée que j'ai conçue
» de la royauté, m'a conduit à porter aussi très
» haut la dignité du ministère. »

Page 146. « A la hauteur à laquelle j'aperçois
» et je montre le ministère, on sent combien est
» loin de moi l'inutile prétention de faire mon-
» ter une atteinte quelconque jusqu'à ceux que
» la pesanteur de leurs fonctions recommande
» au respect autant que leur élévation ; dès qu'un
» homme est ministre, j'oublie son nom, et je
» désire que tout le monde en fasse autant ; à
» mes yeux l'acteur et le théâtre restent seuls.
» Je respecte le prince dans son ministère, et
» je ne suis pas assez ennemi de moi-même,
» non plus que des avantages dont me fait jouir
» la société à laquelle il préside, pour travailler
» à énerver une force dont nous avons tous un
» égal besoin. »

Page 108. « Je parle sans critique ; chez moi,
» le sentiment des convenances marche toujours
» de front avec celui de la vérité.
» Parmi nous, tout le monde, je n'excepte
» personne, est entré novice dans le gouverne-
» ment représentatif ; nous y sommes tous ar-

» rivés sans le connaître, et nous l'apprenons
» en le faisant. C'est ce qui explique et ce qui
» absout beaucoup de faux pas, et qui doit faire
» trouver de l'indulgence à ceux qui jettent des
» cris d'étonnemens ou d'effroi, à chaque degré
» d'agrandissement que prend ou que découvre
» à leurs yeux cet horizon nouveau. »

Page 267. « Nous ne demandons qu'à hono-
» rer; ne nous ravissez pas les raisons de le
» faire. Soyez toujours honorables, vous serez
» toujours honorés.

» Lorsque je parle ainsi, qu'on se garde bien
» de me ranger au nombre de ceux auxquels
» on peut trop légitimement reprocher d'avoir
» présenté le ministère comme un ennemi public
» en *permanence et par état*. Depuis quatre ans,
» je combats cette doctrine absurbe, insultante
» et inconstitutionnelle. Je sais tout le respect
» dû aux honorables et pénibles fonctions de
» ceux qui sont les bras du Gouvernement, dont
» l'action nous est si nécessaire. Je les honore
» toujours pour moi et pour leurs fonctions, et
» très souvent pour eux-mêmes, aussi ne parlé-je
» que d'une circonstance particulière dans la-
» quelle le ministère, par des motifs que je ne
» puis juger, s'est mis dans la position la plus
» bizarre, la plus contradictoire avec lui-même,

» et s'est exposé aux reproches les plus cuisans,
» même de la part des hommes recommandables
» qui sont accoutumés à le défendre (1). Ceci
» est inconcevable et indique *derrière la toile*
» quelque main cachée dont ils se rendent les
» *agens.* »

Et toutefois n'allez pas croire que M. de Pradt
a voulu parler ici de ce qu'on appelle, depuis
quelque temps, le *gouvernement occulte.* Il en
a fait un chapitre exprès (le 17e), et cela pour
nier la possibilité qu'un tel gouvernement existât.

Quant au Gouvernement royal, prenant soin
lui-même d'exposer ses véritables sentimens, il
termine son ouvrage (page 252), par cette phrase
qui doit en être regardée comme la *moralité.*
« AIMONS, SOUTENONS le Gouvernement *patent;*
» c'est là *notre devoir* et notre *ressource.* »

L'écrit est JUGÉ, a dit M. l'avocat-général en
terminant son réquisitoire ; non, Messieurs, il
n'était pas encore jugé, il n'était qu'accusé ; mais
il est jugé à présent, parce que vous avez entendu la défense et que tout vous est connu.

Vous pouvez maintenant demander à vos consciences si M. de Pradt est un ennemi des lois,

---

(1) MM. Royer-Collard, Camille-Jordan, Courvoisier.

un ennemi de la Charte, un ennemi de la Dynastie, un ennemi du Gouvernement.

Inébranlable défenseur des principes, fidèle observateur de toutes les convenances, la religion,
la loi, la royauté, le ministère lui-même, n'ont
aucun reproche à lui faire.

Il a dit sa pensée ; il l'a dite à découvert, il
l'a dite toute entière ; la vérité attachée à ses
paroles triomphe de l'accusation.

Cet habile publiciste s'est placé au sein d'une
belle et vaste idée ; elle anime et féconde tous
ses écrits. Il s'est dit :

Un grand destin s'achève, un grand destin commence.

« Le monde intelligent a déclaré qu'il lais-
» sait à la stupide Égypte d'adorer des ani-
» maux. Il est las d'obéir aux caprices et au bon
plaisir du pouvoir absolu, et il n'y aura désormais de paix pour les peuples, ni de sûreté pour
les trônes, que dans l'admission et l'affermissement des principes constitutionnels. »

Fût-elle exagérée, cette idée, par elle-même,
a de la grandeur ; et ne fût-elle qu'une *utopie*,
son élévation seule inspirerait encore la médita-
tion et le respect.

L'histoire du monde embrasse déjà bien des
siècles, et cependant, il est facile à l'observateur
de la réduire à de grandes masses qui servent à

11..

distinguer les révolutions de l'esprit humain ; comme les zones servent à marquer la division du globe.

Dès la plus haute antiquité, nous voyons les peuples soumis au gouvernement absolu ; prêtre ou roi, c'est toujours un despote qui commande ; la verge de Moïse et le sceptre de Pharaon pèsent également sur les Juifs et sur les Egyptiens.

Les *Grecs* offrent le type de gouvernemens plus parfaits ; avec la liberté, fleurissent chez eux les lettres et les arts ; leur politesse devient le modèle des âges suivans.

L'empire des *Romains* embrasse l'univers connu : Rome est partout : bientôt elle n'est plus que là où se trouve un empereur.

Alors les *Barbares* s'avancent ; ils démembrent l'empire ; ils répandent la dévastation et la mort.

A la faveur de cette force brutale qui abat et détruit tout, la *féodalité* tend ses sombres voiles ; l'ignorance la plus profonde règne ; la nuit la plus obscure plane sur le genre humain : *nox incubat atra.*

Enfin l'aurore de la liberté commence à luire aux yeux des peuples asservis.

Les républiques d'Italie,

Les villes libres d'Allemagne,

Les affranchissemens de Louis-le-Gros, amé-
liorent le sort de l'humanité féodalisée.

De ce moment l'esprit humain prend l'essor,
il s'élève vers un ordre de choses plus conforme
à sa dignité et à son bonheur.

Les croisades introduisent la chevalerie dans
les mœurs, et successivement les progrès de la
navigation, la découverte du Nouveau-Monde,
et surtout celle de l'imprimerie, préparent et
assurent la restauration de l'espèce humaine.

Citez-moi, depuis ce temps, un seul pas ré-
trograde ; une bonne idée, une découverte utile
qui se soient perdues ; une science, un art qui
n'aient été perfectionnés.

L'impulsion une fois donnée ne s'est pas ral-
lentie, le mouvement s'est continué jusqu'à nous,
et la révolution de 1789 ne fut pas l'ouvrage d'un
jour, elle était poussée par le poids, l'irrésistible
poids des siècles précédens.

Ainsi l'Europe a été tour à tour ;

> *Grecque,*
> *Romaine,*
> *Barbare,*
> *Féodale,*

L'Europe entière sera *constitutionnelle.*

C'est aux ministres de la religion qu'il appar-

tient de proclamer ces hautes vérités ; d'en avertir les rois , de la prédire aux nations.

C'est à eux qu'il convient de signaler les vices
des lois, les excès des gouvernemens, les misères
des peuples.

Si l'on voit dans le Code théodosien une loi
qui suspend pendant trente jours l'exécution des
sentences que le prince aurait rendues dans la
fureur de sa vengeance, on le doit aux coura-
geuses remontrances de l'archevêque de Milan
qui soumit à la pénitence publique l'Empereur
qui s'était souillé du sang de ses sujets en ordon-
nant le massacre de Thessalonique.

Au neuvième siècle , l'archevêque de Lyon
sollicite l'abolition du combat judiciaire.

Le clergé d'Espagne et celui d'Italie favorisent
et secondent l'élan des peuples vers une liberté
légale et constitutionnelle : un archevêque préside les cortès.

Le clergé de France, si jaloux des libertés de
son église, ne doit pas l'être moins des libertés
de l'Etat. Sa religion lui en fait un devoir, et
son propre intérêt l'y convie ; car, pour reprendre ici en terminant les belles paroles que
mon illustre client a fait entendre devant vous :
« Les remparts des temples ne sont jamais plus

» solides que lorsqu'ils s'appuient sur ceux de
» l'édifice social. »

M' Moret, défenseur de M. Béchet a la parole.

Messieurs les jurés, dit-il,

Si l'impartialité est le premier devoir de jurés religieux, comme vous, l'attention pour
chaque défense en est le second ; et cependant
nous sentions nous - même combien il vous eût
été difficile de nous accorder en ce moment cette
attention que nous aurions réclamée de votre
justice.

Vos regards se sont attachés jusqu'ici sur un
accusé dont la présence sur un banc ignominieux, étonné et affligé lui-même, le change en
un siége honorable ; sur un accusé promu à d'éminentes dignités ecclésiastiques, administratives et diplomatiques, sur un archevêque, un
ambassadeur, un grand cordon, grand chancelier
de la Légion d'honneur, sur M. de Pradt enfin.

Votre esprit vient d'être transporté sur les sommités sociales par des questions de la plus haute
politique, développées par l'auteur lui-même,
dont les titres littéraires sont plus grands encore
que les dignités elles-mêmes, et par un avocat
dont la modestie doit se résigner à entendre nos

éloges mérités par son talent et son caractère, par
un avocat aussi grand jurisconsulte que grand citoyen, aussi éloquent à la tribune nationale qu'à
la tribune judiciaire, par Me Dupin, que l'on
peut peindre d'un seul mot en le nommant notre
Romilly français.

Cependant soutenus, l'avocat par l'indulgence
tribut accordé à la jeunesse et à l'inexpérience,
le client par votre justice qui eût fait descendre
jusqu'à notre discussion votre esprit élevé par
celle qui l'avait précédée, nous vous aurions prouvé, par des argumens nouveaux, dans l'intérêt
de la cause, et de la librairie en général, *en droit*,
que l'article 1er de la loi du 17 mai 1819 n'est
pas applicable aux libraires; *en fait*, qu'en supposant le contraire, M. Béchet n'était dans le cas
ni de cette loi, ni des articles 59 et 60 du Code
pénal, c'est-à-dire qu'il n'avait pas agi *scièmment*,
pour transcrire les expressions légales sacramen-
telles.

Mais notre tâche vient d'être remplie par
M. l'avocat-général. L'accusation n'a pas attendu
la justification du prévenu, et son innocence vient
d'être proclamée par la bouche même chargée de
démontrer la culpabilité.

Nous ne dirons pas que la chambre du conseil
en première instance, la chambre d'accusation,

en cour royale, auraient pu nous rendre plutôt
la même justice, et nous épargner de comparaître
devant la Cour d'assises, pour nous y voir défendre par le ministère accusateur lui-même.
Nous ne le dirons pas, Messieurs, nous pensons
qu'une justice tardive et sans dédommagement,
est toujours une justice, et qu'heureux encore
sont ceux qui l'obtiennent ainsi !

Nous remercions, au contraire, le ministère
public, au nom de l'avocat allégé de la défense,
au nom du client déchargé de l'accusation, et au
nom surtout de Mgr l'archevêque de Malines,
moins affecté, nous le savons, de son danger
personnel que par la crainte d'avoir compromis
la fortune et la liberté de son libraire.

Comme avocat de la cause, nous demandons
acte du désistement du ministère public ; comme
avocat de nos libertés et comme citoyen, nous
en demandons acte également.

C'est la seconde fois, depuis un mois, que
M. Béchet est traduit devant la Cour d'assises
par le ministère public, et c'est la seconde fois
que le ministère public lui tient ce même langage : « Vous êtes à la vérité vendeur d'un ou-
» vrage incriminé ; mais vous n'êtes pas com-
» plice, parce que vous n'avez pas agi avec une
» coopération intelligente du délit. Nous recon-

» connaissons votre innocence, et nous aban-
» donnons l'accusation. » Cette conviction d'innocence, le ministère public pouvait l'avoir dès
le principe de l'instruction. Son jugement n'a
pas été modifié par les débats, puisqu'il n'y avait
pas de témoins ni de pièces autres que la saisie
et l'acte d'accusation, et qu'en général il en est
ainsi dans ces sortes d'affaires. Nous sommes
donc fondés à croire que le ministère public reconnaît avec raison ce principe, que la vente
matérielle d'un ouvrage inculpé ne constitue pas
un délit, qu'il ne traduira plus, comme par le
passé, les libraires qui seront dans ce cas, devant la Cour d'assises, uniquement pour leur
dire devant une Cour et des jurés, qu'ils sont innocens et irréprochables ; déclaration qui peut
être faite plus tôt et avec moins de solennité.
Ainsi, nous sommes fondés à croire, et nous le
répétons, que désormais il faudra non plus le
fait seul de la vente, mais d'autres adminicules
acquis de culpabilité, des preuves toutes faites
de coopération avec *conscience* de fraude, pour
commencer des poursuites judiciaires contre un
libraire, ébranler son crédit, troubler son commerce, suspendre ses entreprises, paralyser sa
force morale, plonger dans le deuil ses amis, ses
parens, sa femme, ses enfans, en faisant poser

sur sa tête la menace d'un arrêt de Cour d'assises, qui peut lui ravir sa fortune et sa liberté
par un jugement de condamnation, ou le déclarer innocent par renvoi d'accusation sans in-
demnité réparatrice des peines rigoureuses et
anticipées que je viens d'énumérer.

Ainsi, c'est pour les auteurs affranchis à l'a-
venir de la crainte de compromettre le libraire
même qui s'est acquitté de ses obligations légales,
pour les libraires en général et leurs familles, dont
la sécurité ne sera plus aussi souvent troublée,
pour les amis du droit commun, ennemis con-
séquemment des lois exceptionnelles, que je demande acte en terminant, du second désistement
du ministère public, et que j'adresse de sincères
actions de grâce à M. l'avocat-général, dont la
justice et l'impartialité viennent de rendre dans
cette cause un hommage volontaire à la raison
publique, et de donner une garantie de plus à la
liberté de la presse, sentinelle vigilante de nos
autres libertés.

M. l'avocat-général se lève sur-le-champ, et
dit :

Messieurs,

Nous devions nous attendre que dans une
affaire de cette nature, on accuserait le mini-

stère public de se livrer au système des interprétations, de faire, à l'aide d'arguties, rejaillir
péniblement de phrases innocentes, le délit de
provocation à la désobéissance aux lois et à la
guerre civile, ou celui d'attaque contre l'autorité
constitutionnelle du Roi et des Chambres.

Ces reproches se rencontrent dans toutes les
causes de ce genre. Toujours on vient s'en armer
contre le ministère public, toujours on lui objecte l'autorité de Montesquieu et ses beaux passages sur le crime de lèse-majesté. C'est, pour
ainsi dire, une défense et une citation obligées
dans ces sortes de causes. Celle-ci, pourtant,
est une de celles dans lesquelles il nous semble
qu'on aurait pu s'en dispenser.

Le ministère public avait commencé sa plaidoirie par une déclaration qui aurait dû interdire toute déclamation à cet égard. Il avait dit :
Nous renonçons aux interprétations, nous n'en
voulons aucune ; nous allons lire les passages,
nous ferons remarquer aux jurés les endroits les
plus saillans, parce qu'ils pourraient leur échapper dans une lecture rapide ; ensuite, en y
joignant quelques considérations puisées dans
l'ordre public et dans l'amour des Français
pour le Gouvernement royal, nous abandonnerons le tout à la conscience des jurés ; nous

avons ajouté que si on essayait de disculper les passages que nous aurions ainsi, n'on pas attaqués, mais livrés à l'attention, à l'examen des jurés, nous nous réservions d'y répondre.

C'est là, Messieurs, le plan de toute bonne discussion dans cette matière ; c'est là ce que nous avons annoncé ; et fidèles à notre promesse, nous l'avons suivie. Retranchez donc de la plaidoirie que vous avez entendue, tout ce qui a été dit sur les interprétations : encore une fois, nous n'en voulons pas.

Les interprétations seraient peut-être nécessaires, s'il était vrai, comme on l'a dit, qu'il s'agit d'un ouvrage tellement élevé, que ceux qui sont en état de le comprendre, auraient assez de sagesse pour se défendre des dangers qu'il peut renfermer. Permis à M. de Pradt et à son défenseur, de placer à leur gré cet ouvrage dans une sphère élevée, de le faire considérer comme un monument historique. Permis au prévenu de dire, comme il l'a fait, qu'il prend ses sûretés avec l'Histoire. C'est la postérité qui jugera s'il a eu raison de s'exprimer ainsi. Mais il ne s'agit pas de ce que l'ouvrage peut présenter de doctrines élevées, abstraites et métaphysiques. Pas une seule fois (quoique nous eussions pu le faire et que pour cela nous eussions le champ libre), pas une seule fois nous n'avons attaqué les doctrines de l'auteur ; nous vous avons lu des passages desquels résultent des provocations, c'est-à-dire, des excitations ou des attaques formelles, et qui, par conséquent, ne peuvent fournir matière à interprétation. Ce ne sont pas là des doctrines ; il ne s'agit pas de savoir si l'ouvrage est plus ou moins élevé, s'il est plus ou moins historique ; mais si les passages extraits de cet ouvrage, et qui ont été cités, sont ou non des excitations aux différens délits dont il est question dans l'arrêt de renvoi.

Voilà la position simple dans laquelle il faut placer la cause.

L'ouvrage, vous a-t-on dit (et c'est une considération que l'on a essayé de faire planer sur toute la discussion et qui s'étendrait à toutes les inculpations dont se compose la prévention), l'ouvrage n'est lié à aucune tentative ; et alors s'emparant des principes du ministère public, on a dit qu'il fallait l'intention de nuire et le fait d'avoir nui ; qu'ici le fait d'avoir nui n'existait pas, puisque l'arrêt de renvoi lui-même posait en principe que la provocation n'avait été suivie d'aucun effet. Messieurs, cette argumentation repose sur une pure équivoque, sur une équivoque qui vous paraîtra misérable et indigne de

cette discussion, lorsque nous l'aurons fait ressortir. Il faudrait pourtant, dans ces causes déjà
assez difficiles par elles-mêmes, éviter avec soin
les équivoques. Le mal produit par un mauvais
ouvrage, est de deux sortes; cet ouvrage peut
avoir amené un désordre matériel une sédition
ou un crime de lèse-majesté; alors l'auteur est
puni comme le coupable lui-même, comme celui
qui a causé un tort matériel, comme le criminel
de lèse-majesté.

Ce n'est pas là notre espèce, ce ne sont pas
les peines dues aux crimes de lèse-majesté que
nous venons solliciter; mais l'ouvrage peut avoir
causé une autre espèce de mal; il peut avoir per-
verti les imaginations, donné aux pensées une
direction criminelle, et c'est précisément ce que
la loi a voulu frapper; c'est ce que la loi a prévu,
puisque, comme nous l'avons dit, les lois ne
doivent pas seulement venger le mal réel qui a
été fait, mais aller au devant du mal projeté.
Quoiqu'il n'y ait pas eu de sédition, pas de crime
de lèse-majesté, il faut, par des punitions sévères,
prévenir les provocations qui pourraient conduire
à la guerre civile, à la désobéissance aux lois, à
tous les délits dont il est question dans l'arrêt de
renvoi. Le mal n'est pas d'avoir opéré matérielle-
ment un crime, mais d'avoir disposé les esprits

à se livrer plus aisément au crime, d'avoir fait que des citoyens tranquilles, paisibles, amis des lois, disposés à s'y soumettre, soient sortis de la lecture de ce livre tout autres qu'ils n'étaient, et soient devenus mauvais citoyens, lorsqu'ils étaient auparavant sujets obéissans et fidèles. Si ce mal existe, il faut le punir, et vous savez comment vous devez apprécier ce caractère de l'ouvrage ; c'est en songeant aux impressions qu'il a produites sur vous, et en mesurant par là l'effet qu'il aurait pu produire sur la masse des lecteurs. Il n'y a pas d'autre moyen de décision.

On a dit que l'auteur écrivait sur une loi en discussion. Si ce fait, Messieurs, était vrai, nous retirerions l'accusation ; il n'y aurait pas de prévention possible ; tout le monde peut attaquer une loi en discussion, elle est livrée aux disputes des hommes, elle ne mérite pas encore ce respect, cette vénération dont nous voulons que la loi soit entourée ; mais ici ce n'est plus une question de droit, c'est une question de fait que nous allons résoudre.

La loi a été promulguée le 29 juin, l'écrit a été publié le 17 juillet, quinze jours après. On dira, si l'on veut, que la première partie de l'ouvrage contenant 200 pages, a été composée avant cette quinzaine ; cela ne touche en rien à

la question ; ce n'est pas l'époque de la composition qui faut considérer, mais celle où il est mis
au jour. Par exemple, un ouvrage a été composé
il y a deux cents ans, il n'a pas été publié ; il aurait été criminel s'il eût paru il y a deux cents ans,
parce qu'il attaquait la réputation de quelqu'un,
mais aujourd'hui sa publication n'entraînant plus
aucun inconvénient, il ne saurait être poursuivi.

Il en est de même (quoiqu'en sens inverse),
Messieurs, si l'ouvrage a été composé à une
époque où il n'était pas criminel, où sa publication ne pouvait pas constituer un corps de
délit, lorsqu'il était question d'une loi qui ne se
trouvait encore qu'une discussion, qui n'avait
point reçu la sanction des trois branches du
pouvoir législatif. Publié postérieurement à la
promulgation de la loi, l'ouvrage est désormais
dirigé contre la loi elle-même. Il faut donc
mettre à l'écart tout ce qui a été dit sur ce point
par le défenseur.

Maintenant que nous avons épuisé les géné-
ralités, nous arrivons à la discussion de ce qui
est particulier à chacun des points dont vous êtes
saisis. Nous commençons par la provocation à la
désobéissance aux lois.

Ici on s'est attaché à établir des principes et à
alléguer des faits. Examinons d'abord les prin-

cipes. On vous a dit que la loi actuelle, différente de celle du 9 novembre 1815, ne reconnaît
pas de *provocation indirecte*, et on a cherché
même à jeter une sorte d'ironie et de ridicule
sur le mot *ébranlement*, dont nous nous étions
servis pour mieux nous faire entendre. On a dit
que nous voulions rétablir purement et simplement le système des provocations indirectes.

Voyons ce qu'il y a de vrai dans tout ceci;
le défenseur le sait parfaitement bien, il a lu
toute la discussion qui a eu lieu dans les deux
Chambres; nous avons dit que la distinction
en provocations directes et en provocations indirectes avait été supprimée, et qu'elle s'était effacée
de la loi, puisqu'il n'y a plus les mots de provocations directes ou indirectes, mais le seul
mot de provocation.

En effet, les provocations sont des excitations;
on peut exciter de mille manières différentes,
ou en s'adressant à la raison, ou en s'adressant au
sentiment, ou enfin, en remuant tout autre
mobile de l'imagination humaine. Ce que la loi
punit, c'est l'excitation, parce que l'excitation
conduit au mal.

Vous sentez que la loi aurait été singulièrement imprudente et inexcusable, si elle avait
dit : différens moyens peuvent produire des ex-

citations, et cependant de tous ces moyens qui font
le même mal, on punira les uns on ne punira pas
les autres. Le mot de provocation sans épithète,
suffisait à tout. Qu'est-ce qu'une provocation ?
C'est ce qui excite, c'est ce qui remue, ce qui
ébranle ; les jurés doivent mesurer par l'ébranlement qu'ils ont ressenti eux-mêmes, celui que
les classes inférieures de la société comme plus
accessibles à la séduction, auront pu éprouver.

Ce mot d'*ébranlement* qu'on a critiqué, qu'on
a cherché à tourner en dérision, ce n'est pas
nous qui l'avons imaginé ; nous voudrions l'avoir
inventé, parce qu'il est parfaitement approprié à
la nature des choses. C'est un noble pair dont
apparemment ceux qui se disent les défenseurs
de la liberté, ne récuseront pas l'autorité ; c'est
M. le duc de Broglie, rapporteur de la loi dont
il s'agit à la Chambre des Pairs, qui a établi
qu'en matière de délits de la presse, les jurés
devaient prononcer d'après l'ébranlement qu'ils
éprouvaient à la lecture de l'ouvrage.

Nous le répétons, le mot est très énergique,
et on pourrait, sans craindre le ridicule, accepter l'honneur de l'invention.

Après sa discussion sur les principes, le défenseur nous a opposé des moyens de faits. On
vous a dit d'abord, comme une considération

qu'on jetait en avant pour s'emparer de vos esprits, avant de leur apporter des raisons solides : « Quoi? Le ministère public scinde » l'ouvrage, il ne l'a pas cité tout entier? » Comment? l'un des passages qui sont in- » culpés commence par ces mots : *avant tout*, » *respect à la loi;* et ces mots, qui détruisent » toute espèce d'idée de criminalité, se trou- » vent omis. Pourquoi donc le ministère pu- » blic n'a-t-il pas fait précéder sa citation de » ces mots, qui renversaient la prévention? »

Nous répondons en premier lieu, que le ministère public doit strictement se renfermer dans l'arrêt de renvoi. Vous savez que les seuls passages sur lesquels on puisse asseoir une condamnation sont ceux qui sont énoncés et transcrits dans l'arrêt de renvoi. Si le ministère public sortait de ce cercle, on s'élèverait fortement contre lui, on l'accuserait de transgresser la loi, et de porter atteinte à la liberté de la presse.

Ces mots n'étant pas dans l'arrêt de renvoi, nous ne devions pas les citer. Veut-on que nous les rappellions? Nous le ferons volontiers, parce que nous y trouvons l'explication complète, évidente de la doctrine de l'auteur. Remarquez que dans cette discussion, tout porte sur des subterfuges et des subtilités ; c'est sur un mot qu'on fait rouler toute l'argumentation, et nous, laissant de côté les mots, nous nous occupons des choses.

Avant tout, respect à la loi, a dit l'auteur ; certes, si c'était de la loi des élections qu'il eût dit cela, toute la prévention s'écroulerait ; mais si c'est de la loi en général qu'il a parlé, et si nous prouvons qu'en prêchant le respect pour la loi en général il a décrié en particulier celle des élections, c'est alors que vous jugerez que ces mots, *avant tout, respect à la loi*, rendent le délit plus grave. Voici le passage entier :

« Avant tout, respect à la loi. Les rois ne sortent pas de leur palais sans un cortége propre à imposer et à faire ouvrir les rangs. De même la loi ne doit sortir du palais de la législation qu'environnée de tous les attributs qui attirent la vénération et l'obéissance. Or, est-ce ainsi que la nouvelle loi, que cette importante loi, qui, plus que toute autre, avait besoin d'être appréciée et révérée, entre dans le Code des Français, et leur demande l'adhésion de leurs esprits, les affections du cœur avec la soumission extérieure et apparente ? En fut-il jamais

une dont l'entrée au monde fut marquée de signes plus funestes? »

Ceci vous explique la pensée de l'auteur;
respect à la loi *en général*, mais point de respect pour la loi *des élections !* Voilà le mot.

Messieurs, nous arrivons à une autre partie
de la discussion, et c'est ici que nous allons être
beaucoup plus forts, nous osons le dire; nous
prenons pour moyen de décision de la cause une
proposition même de M. de Pradt. Vous vous
rappelez que ce sont précisément les expressions
dont-il s'est servi. Il a distingué deux sortes
de lois, les unes auxquelles on doit seulement
une obéissance extérieure, les autres auxquelles
on doit l'adhésion du cœur, le respect, en un
mot, l'obéissance que méritent naturellement
les lois, et qui était tant recommandée par les
législateurs anciens.

C'est évidemment dans le premier membre
de la division qu'on place la loi des élections,
elle n'est point de celles qui méritent le respect
et l'adhésion du cœur, on ne lui doit qu'une
obéissance extérieure; mais si nous vous prouvons qu'en thèse générale, dire d'une loi qu'elle
ne mérite qu'une obéissance extérieure, c'est
provoquer à la désobéissance à cette loi, nous
aurons prouvé que, dans la thèse particulière,

on a provoqué à y désobéir; il est inutile de
répéter les raisonnemens que nous avons pré-
sentés dans notre première plaidoirie; mais ici
nous serons bien plus forts, nous allons nous
armer de deux opinions qui apparemment ne
seront pas attaquées, car l'une est du défenseur,
l'autre du prévenu. Voici ce qui a été dit par
le défenseur dans le fameux procès de la souscription dite nationale.

  « Ainsi, dit un auteur dont j'ai cité les termes
» si souvent, que je me les rappelle encore,
» qu'un souverain donne une loi évidemment
» opposée à la loi naturelle, à la constitution de
» son empire, aux mœurs essentielles de son
» peuple; la force en assure l'exécution un in-
» stant, dans quelques lieux près du trône : mais
» dans l'éloignement, bientôt la justice, *l'opi-*
» *nion publique,* reprennent le dessus; le temps
» fait le reste· » (1)

Qu'est-ce que cela veut dire? Qu'on obéisse
à la loi dans les temps de tyrannie parce qu'on
y est contraint, mais que quand l'état de contrainte cesse, on peut désobéir à la loi. Voyons
actuellement ce qui est particulier à M. de Pradt,

____

(1) Prost de Royer, dans son Dictionn. de Droit au mot
Abrogation.

et remarquez que si nous sortons ici de l'arrêt de renvoi, en citant d'autres passages que ceux qui y sont transcrits, on ne peut nous blâmer; car dès que l'on a été chercher des moyens de défense hors du cercle tracé par cet arrêt, tout devant être égal entre les parties, nous pourrons y puiser des moyens d'attaque.

« L'obéissance, il est vrai, est un acte de sûreté personnelle, etc. » (1)

Qu'est-ce que cela veut dire encore? C'est que les baïonnettes commandaient la soumission, et que quand il n'y a plus de baïonnettes, on n'est plus tenu d'obéir. Voilà ce que veut dire l'auteur, sans cela le passage n'a aucune espèce de sens.

La provocation à la désobéissance aux lois est essentiellement distincte de toute provocation à la rébellion; car il y a dans la loi pénale du 17 mai des dispositions séparées à cet égard; la nuance qui existe entre les deux espèces de délit doit donc être soigneusement saisie. Le ministère public n'accuse donc pas, dans cette partie de la discussion, M. de Pradt d'avoir excité à se révolter à main armée.

Il lui dit : vous avez excité à la désobéis-

____

(1) Voyez page 141 de l'Ouvrage.

sance aux lois; ce qui veut dire : vous ne vous êtes pas contenté de critiquer la loi, vous l'avez livrée au mépris, vous l'avez rangée dans la catégorie de ces lois qui ne méritent qu'une obéissance extérieure et qu'on viole dès qu'on le peut.

D'après ce que nous venons de dire, l'argument du défenseur, *que l'on n'est pas obligé d'aimer la loi*, porte à faux; car il s'agit ici, non d'amour, mais d'obéissance.

On vous a parlé à ce sujet de l'affaire du *Drapeau blanc*, dans laquelle il était question des biens nationaux. Un article était inculpé d'attaque contre le maintien des ventes de ces biens. On vous a dit que la question était de savoir si ceux qui avaient perdu leurs biens devaient être obligés d'aimer la loi qui les en dépouillait; qu'on a jugé qu'il eût été absurde de vouloir qu'ils chérissent cette loi, et qu'en conséquence l'acquittement avait eu lieu.

Rien de tout cela n'est vrai. Dans l'affaire du *Drapeau blanc*, on n'accusait pas les prévenus de n'avoir pas aimé la loi qui consacrait les ventes nationales, on les accusait de provocations formelles contre le maintien des droits reconnus par l'article 9 de la Charte. Le délit n'existait que dans la provocation, et surtout dans sa publicité ; si bien que l'auteur de l'article a été acquitté, èt que l'éditeur responsable du *Drapeau blanc* a été seul condamné. Vous voyez que cette citation est tout-à-fait un hors-d'œuvre.

On présente un autre argument qui n'est pas plus spécieux ; car il disparaît à l'examen le moins approfondi. On dit : en quoi voulez-vous que consiste la provocation à la désobéissance à la loi des élections? Elle consisterait apparemment à dire qu'il ne faut pas aller aux élections. Ce n'est pas là ce que conseille M. de Pradt ; il dit, au contraire, comme tous les hommes de son parti : allez aux élections, tâchez d'avoir la majorité, de faire des nominations qui nous soient favorables.

Non, Messieurs, la provocation à la désobéissance à la loi des élections ne consiste pas à dire qu'il ne faut pas voter dans les assemblées électorales ; car la loi des élections n'est pas une loi impérative, ce n'est qu'une loi facultative ; la preuve, c'est que la proposition que M. Royer-Collard avait faite lors de la discussion de 1817, et qui tendait à prononcer des amendes contre les électeurs qui ne se rendraient pas aux colléges, à moins d'excuses légitimes ; cette proposition a été rejetée. Conseiller à des citoyens, par une raison quelconque, de ne pas user d'une faculté, ce n'est pas les exciter à désobéir aux lois.

Mais ce n'est pas des droits des électeurs qu'il s'agit; ces droits sont une charge comme celle que vous remplissez, Messieurs; une loi d'élection est celle qui donne des députés à la France; une loi d'élection est le berceau de la Chambre des Députés; alors vous sentez comment on peut provoquer à la désobéissance à la loi des élections. Vous connaissez le mécanisme de la loi actuelle, la division en colléges de département et en colléges d'arrondissement, qui nommeront respectivement un certain nombre de députés. On veut bien des colléges d'arrondissement; mais, ce que le parti ne voudrait pas, ce sont les colléges de département. Les écrivains de la couleur de celui que nous poursuivons, voudraient établir la zizanie entre les Députés, ils se proposent de contester la légitimité des élections des colléges départementaux.

Voilà en quoi consiste la provocation à la désobéissance aux lois : vous ne reconnaîtrez pour vrais Députés que ceux nommés de telle manière; vous regarderez les autres comme choisis en violation de la Charte. Voilà la ligne de démarcation que veulent établir des écrits politiques de la nature de celui sur lequel vous avez à prononcer.

Vous, Messieurs, qui ne voulez plus que les assemblées soient décimées, qui ne voulez plus de 31 *mai*, vous sévirez contre les auteurs qui soutiennent de pareilles propositions.

Nous avons répondu sur le premier chef de provocation, reste toujours ce qui demeurera éternellement empreint dans vos esprits. « La naissance de la loi, suivant l'auteur, a été accompagnée des signes les plus funestes ; elle annulle nos droits, et nous livre, pieds et poings liés, à l'aristocratie ; la loi matérielle existe, mais la loi morale n'existe pas. »

Comment? Ce ne serait pas provoquer à la désobéissance aux lois que de tenir un tel langage. Un jeune homme ardent, doué d'une imagination prompte à s'enflammer, plein de respect pour la loi avant d'avoir lu cet ouvrage, ne se laissera-il pas ébranler par de telles assertions, surtout à raison du grand talent de l'auteur, que nous lui accordons? il s'est imbu de l'idée que c'est une loi vicieuse, une loi qui nous livre à l'aristocratie, que ce n'est pas une véritable loi d'élection, et vous voulez qu'il obéisse à cette loi? Oui, il y obéira tant qu'il sera contraint de le faire, mais dès qu'il pourra y désobéir impunément, il ne manquera pas de se soustraire à cette obligation ; il sera persuadé que la loi matérielle existe, mais que la loi morale n'existe pas, qu'elle ne mérite qu'une obéissance extérieure, et qu'elle doit disparaître légalement lorsque la contrainte cessera.

Nous avons à nous occuper du chef de prévention que nous avons présenté comme le second dans l'ordre de la discussion, celui de provocation à la guerre civile. Ici, nous avons beaucoup moins d'efforts à faire pour repousser la défense, parce que notre première plaidoirie est demeurée presque entièrement intacte.

Nous avons dit : pourquoi se livre-t-on à la guerre civile ? c'est parce qu'on est animé de passions violentes, parce qu'on suppose des intentions criminelles à une autre portion de ses concitoyens, parce que l'on ressent le désir ardent de la vengeance.

La provocation à la guerre civile consiste donc dans l'excitation des passions ; car n'allez pas croire qu'on ne puisse provoquer à la guerre civile que lorsqu'il se trouvera dans l'écrit inculpé ces mots formels : Citoyens ! armez-vous, livrez-vous à la guerre civile !

On ne prononcera jamais sûrement ces mots horribles, ou bien, lorsqu'on les dira, le tocsin aura sonné, la guerre civile sera commencée ; il n'y aura plus aucun moyen de punir les écrits ; ce sera la force, ce ne sera plus l'application des lois par les tribunaux qui réprimera le crime.

Nous le répétons, la provocation ne peut consister que dans l'excitation violente des passions qui conduisent à la guerre civile. Quelles sont ces passions en général ? C'est la haine, c'est le ressentiment, c'est la peur ; oui, la peur ! elle est un des plus puissans mobiles de la guerre civile. Les peuples courent aux armes quand ils croient leur existence sociale ou leurs droits civils menacés. Frappez leur esprit de malheurs imaginaires, ils seront plus disposés à la guerre civile ; voilà ce que nous avons éprouvé, ce dont nous avons été témoins. On complète l'œuvre de la provocation, quand on peint le Gouvernement sous des couleurs odieuses, et quand on annonce prophétiquement de grands désastres. Nous avons prouvé que l'auteur avait employé conjointement tous ces moyens. Qu'a-t-on fait pour briser ce faisceau si compact que nous vous avons présenté ; on ne l'a pas même tenté ; on s'est contenté de justifier isolément une faible partie des passages attaqués. Examinons ce qui a été dit pour y parvenir.

Nous avons dit que l'auteur de l'ouvrage cherchait à exciter la haine et le ressentiment contre les émigrés et contre les troupes. Il a dit des émigrés : *Ce sont des individus que décore un habit qu'ils déshonorent.*

On prétend qu'il n'y a aucun mal de dire d'un classe entière d'individus, qu'elle déshonore l'habit qu'elle porte ! Vous jugerez, sans doute, qu'une telle provocation contre une masse nombreuse de citoyens, ne saurait rester impunie ; n'est-il pas vrai qu'on excite contre eux l'animosité, qu'on les présente eux-mêmes comme implacables et que c'est un moyen de faire naître la guerre civile?

On ajoute dans l'ouvrage, que c'est la soif du commandement et le désir de la vengeance qui les ont ramenés en France..... Donc il faut les empêcher de se venger ? Que fera-t-on pour les en empêcher ?..... Nous ne répondrons pas, vous avez fait la réponse.

Nous ne sommes pas faits, dit-on, *pour subir leur joug; il faut que les uns ou les autres abandonnent le sol de la France.* Il faut, pour cela, recourir à la guerre civile, car cette sortie ne serait pas volontaire. Il faut que la patrie déchire

son sein pour en rejeter une partie de ses enfans.
On n'a pas justifié ces deux derniers passages.

Les mêmes provocations ont eu lieu contre
les troupes. On a dit : « Paris a revu les dra-
». gonnades, il a revu les scènes de Cadix ; on a
» vu des citoyens assassinés par ceux qui étaient
» payés pour les défendre. »

Vous voyez comme tout est lié dans cet ouvrage; au ressentiment qu'on veut allumer contre
les émigrés, se joint celui contre les soldats.

Le défenseur répond froidement que tout cela
est vrai, qu'effectivement Paris a revu les dragonnades, puisque les dragons ont tiré leur
sabre, et que des citoyens ont perdu la vie. Véritablement, est-ce qu'il faut ainsi s'attacher aux
mots, pour perdre de vue toute la force des
choses? Les dragonnades sont-elles simplement
des expéditions militaires dans lesquelles les
dragons tirent leurs sabres? N'entend-on pas plutôt par là, des expéditions dans lesquelles la
force armée opprime injustement les citoyens ?
Voilà ce que c'est que les dragonnades. Les
troupes qui ont été employées dans les troubles
du mois de juin, ont usé d'un droit qui leur appartenait, celui de repousser la force par la force,
et l'on travestit cet évènement en dragonnades.
On représente nos soldats comme des monstres

dont la rage furieuse se serait armée contre les citoyens , contre l'innocent , comme contre le coupable !

On a essayé de justifier l'imputation d'assassinat, en disant : qu'on avait vu des citoyens assassinés, puisque le sang avait coulé. De ce qu'il y aurait eu un homicide, s'ensuivrait-il qu'il y ait eu assassinat? On accuse les soldats d'un crime effroyable ; on les accuse d'un crime qui doit soulever contre eux l'indignation de tous les gens de bien, et les porter à se faire justice à eux-mêmes; on oublie que l'homicide n'est pas toujours assassinat, qu'il y a même des homicides considérés par la loi comme légitimes.

Nous avons cité le passage où il est dit que les soldats français ont fait ce que ne se seraient pas permis les soldats prussiens ou russes. Hé bien ! sont-ils nos amis les soldats prussiens ou russes? s'ils tentaient encore de revenir sur notre territoire, quelle conduite tiendrait-on contre eux? Si vous leur comparez les soldats français , vous voulez donc que ceux-ci soient pareillement traités en ennemis? qui peut se méprendre sur l'intention hostile et provocatrice de telles assertions?

On cherche à mettre en action le mobile de la peur; on se livre aux déclamations les plus propres à la faire naître. *Le sang a coulé... en quelle abondance ne coulera-t-il pas ?*

Ces passages n'ont pas été justifiés.

Ceux où l'on attaque le Gouvernement ne l'ont été que par une profession d'amour pour la dynastie.

Vous vous dites amis de la dynastie, et ne savez-vous pas que l'amour pour les Rois est fondé sur l'opinion que les peuples ont de leur sagesse ? Pourquoi Henri IV fut-il regardé comme le père du peuple ? c'est parce qu'il éteignit les discordes civiles, c'est parce qu'il réconcilia tous les Français. Pourquoi d'autres princes ont-ils été odieux, pourquoi leur nom est-il flétri dans l'Histoire ? c'est parce que leur gouvernement fut injuste.

Tout bonheur, dites-vous, a fui de la France depuis six ans, voilà ce que vous osez imprimer, et vous vous prétendez ami de la dynastie, parce que vous avez dit dans un de vos chapitres, qu'il n'y avait pas de Gouvernement occulte. Nous allons lire ce passage, on jugera si ce n'est pas véritablement une dérision que de prétendre y trouver l'assertion que le Gouvernement occulte est une chimère.

L'auteur a établi qu'il y a anarchie en France, et voici comment il raisonne.

« Il y a anarchie, là où les institutions con-

» stitutionnelles sont incomplètes, discordantes
» et suspendues à chaque instant.

» Il y a anarchie, là où la formation d'une
» Chambre des Pairs offre trois élémens diffé-
» rens et trois âges, de manière à présenter l'i-
» mage d'un corps législatif à trois branches; là
» où des Pairs peuvent être électeurs (1).

» Il y a anarchie; là où la Chambre populaire
» n'est pas conformiste avec elle-même, lors-
» qu'une moitié entend les points principaux
» d'une manière opposée à celle dont l'autre
» l'entend; là où les suppositions les plus offen-
» santes circulent d'un côté à l'autre.

» Il y a anarchie, là où les notes secrètes et
» les directions secrètes sont en pleine vigueur,
» où l'appel des étrangers est en honneur au-
» près d'un parti; là où des écrits publics, or-
» ganes reconnus d'un parti puissant dans l'ordre
» social, ont répandu pendant long-temps les
» proclamations les plus incendiaires, les ou-
» trages systématiques contre les citoyens; là
» où des attaques formelles contre les droits
» consacrés par la Charte ont échappé aux peines
» qui leur étaient bien dues; là où le mini-
» stère sacré de la religion est détourné vers la

______

(1) *Voyez* le Discours de M. Bastarèche, et ce qui s'y trouve
sur la Chambre des Pairs.

13..

» politique, où l'on s'efforce d'attirer la prima-
» tie d'attention et d'affection vers des ministres
» du culte et des institutions évidemment en
» opposition avec l'ordre généralement établi et
» désiré en France.

» Avec cela, les sujets de douleur ne nous
» manquent pas, et nous n'avons pas besoin d'y
» ajouter les Gouvernemens occultes, ni les di-
» rections secrètes.

» Aimons, soutenons le gouvernement patent,
» c'est là notre devoir et notre ressource ; quant
» à tout le reste, notre richesse consistera à en
» avoir le moins possible. »

Sans doute ces assertions sont mêlées de quelque protestation pour le Gouvernement légitime ; dans ces sortes d'écrits il faut toujours un
contre-poison, un passe-port ; mais ce contre-
poison, ce passe-port ne peuvent tromper sur
le sens réel, sur le but véritable de l'écrit.

Voilà ce que nous avons à dire sur l'excitation
à la guerre civile ; nous passons au troisième
grief, celui de l'attaque formelle contre l'autorité constitutionnelle du Roi et des Chambres.
Ici nous n'avons pas à répondre à la plaidoirie,
car au lieu de nous combattre comme on l'a fait
sur les autres chefs, on n'a rien dit qui fût re-
latif à la cause, on s'est jetté dans des raisonnemens vagues.

On a prétendu que parler de la majorité numérique, ce n'était pas attaquer l'autorité constitutionnelle des Chambres ; mais nous n'avons pas prétendu que le délit se trouve précisément dans ces mots.

On vous a parlé des parlemens, du Concordat de François Ier, des papes, des libertés de l'église gallicane, en un mot, de tout, excepté de ce qui constitue dans l'écrit, l'attaque formelle dont il est question. Il n'y a nul rapport entre l'autorité constitutionnelle établie par la Charte, et ce qui s'est passé il y a 300 ans ; il n'y a nul argument à en tirer.

L'auteur a dit que la majorité des Chambres ne représentait qu'elle-même ; nous avons combattu cette erreur funeste, nous avons dit que la majorité des Chambres présentait l'expression du vœu de la nation, comme les décisions rendues par la majorité des jurés sont le jugement rendu au nom de la société. L'auteur dit que ce qu'il nomme la majorité nationale *confirme* ou *infirme* la loi. Confirme ou infirme, voilà la souveraineté du pouvoir législatif expressément contestée.

C'est en ces deux derniers points que nous avons fait consister l'attaque formelle, et on n'a pas même essayé de nous réfuter

Enfin, Messieurs, on vous a parlé d'imprudence dans cette cause, on vous a parlé de scandale, et on a cherché à jeter ces deux sortes
de blâme sur l'action du ministère public.

Oui, il y a de l'imprudence dans cette cause,
mais de quel côté? Dans une discussion loyale et
modérée, nous osons le dire, nous n'avions pas
voulu faire retentir en cette enceinte le titre ecclésiastique qui appartient au prévenu; nous
avions voulu ménager l'honneur du sacerdoce;
nous avions respecté l'huile sainte empreinte sur
son front. Hé bien! cette qualité, dont il sem-
blait qu'il n'aurait pas dû parler par respect pour
son titre même, cette qualité a été mise en avant
par lui-même et par son défenseur. Messieurs,
s'il doit en résulter des considérations qui puissent
influer sur votre délibération, et si ces considérations sont contre le prévenu, qu'elles retombent
sur sa tête; c'est lui qui les a provoquées!

Ministre de l'évangile, il vient vous parler de
cette qualité, il s'en honore, et nous avons prouvé qu'il était coupable de provocation à la désobéissance aux lois; nous avons prouvé qu'il
insultait le Gouvernement du Roi; ainsi il a oublié ce qui a été dit par son divin maître, qu'il
faut obéir aux puissances établies, et rendre à
César ce qui est à César.

Il excipe de cette qualité de ministre de l'évangile comme d'un privilége, et lui, ministre du culte, il a cherché à faire naître les discordes qui peuvent conduire à l'effusion du sang, à toutes les horreurs de la guerre civile.

Ministre de pardon, il aurait dû nous dire : Si vous éprouvez des ressentimens, si vous avez reçu des injures, oubliez-les, faites-en le sacrifice! Et il parle du renvoi entier, immédiat, *éternel*, d'une classe de la société. Éternel ! ne devrait-il pas savoir que ce mot, pris dans un sens funeste, n'est écrit que sur les portes de l'enfer?....

M. de Pradt : Je n'ai parlé que du renvoi des directeurs des affaires.

M. de Vatimesnil : J'ai saisi vos intentions, et MM. les jurés en décideront.

On vous a parlé d'imprudence; hé quoi! l'imprudence ne consiste-t-elle pas, dans cette cause, à persévérer dans des doctrines fausses, à ne pas reconnaître franchement qu'on a des torts dans lesquels on a été entraîné?

Un prélat, l'honneur et la gloire de l'Église française, composa un écrit qui renfermait des propositions dangereuses; on lui prouva que ces propositions étaient dangereuses; que fit-il? il monta en chaire et vint s'accuser lui-même. Le prévenu ignorait-il ce trait; son amour-propre

aurait-il pu se croire abaissé en l'imitant ? Ce prélat, c'est FÉNÉLON !....

La réplique de Mᵉ Dupin a été si rapide et si
animée, que le Sténographe, déjà fatigué d'ailleurs par une séance qui avait duré près de
6 heures, n'a pu recueillir que les traits les plus
saillans ; nous allons en offrir l'analyse.

MESSIEURS,

La défense, si favorable d'ailleurs, n'a jamais
plus de désavantage que lorsqu'elle vient se
reproduire à la suite d'une discussion trop
long-temps prolongée, et quand l'attention,
déjà fatiguée, semble réclamer du repos. Mais
l'accusation vient d'être ranimée par le ministère
public avec tant d'insistance et de chaleur, qu'il
est de mon devoir de rentrer en lice, et de solliciter encore de votre indulgence la même attention que vous m'avez si libéralement accordée
jusqu'ici.

Il est plusieurs des objections du ministère
public que je pourrais prendre dans le sens de
personnalités offensantes pour mon client, si
l'on pouvait supposer que l'accusation a voulu
pour un instant emprunter le caractère de l'injure. — De ce genre serait le reproche d'avoir

élevé trop haut l'ouvrage de M. de Pradt. Permis, a dit le ministère public, permis d'exalter cet ouvrage et de s'étendre sur le mérite de cette composition ; permis à l'auteur de le croire, et de se comparer à Montesquieu ; permis à son défenseur de le louer : *La postérité jugera.*

En cette occasion, le ministère public a feint de ne pas saisir sous quel point de vue j'avais dit que l'ouvrage de M. de Pradt était un *ouvrage élevé.* Ce n'était point à titre d'*éloge,* mais comme moyen de *défense,* et pour prouver qu'un tel ouvrage, ne s'adressant qu'aux hommes instruits et aux classes supérieures de la société, n'avait aucune action sur la masse populaire, et ne pouvait par conséquent offrir aucun caractère de danger. Sans doute, et même sous le rapport de cette élévation du caractère de l'ouvrage, c'est à la *postérité* qu'il appartient de le juger ; mais en ce cas, ne le déférez donc point à la Cour d'assises.

Du même genre encore se trouve le reproche fait à M. de Pradt, d'avoir consigné comme un fait, que depuis la restauration, il était resté *éloigné des affaires...* Voilà problablement, a dit M. l'avocat-général, *le secret de l'auteur,* c'est le *dépit* d'être éloigné des affaires qui lui a mis la plume à la main.

Non, Messieurs ; mais c'est cet éloignement des affaires qui l'a mis à portée d'en mieux juger. Ministre, il eût eu ses flatteurs, il eût pu être trompé, et se tromper comme d'autres ; simple observateur, rien n'a obscurci sa raison. On juge mieux de l'effet d'un grand spectacle au parterre que sur la scène.

J'avais avancé, comme un fait, que le corps de l'ouvrage avait été composé avant que la loi des élections ne fût rendue, et qu'il avait été envoyé à l'impression pendant que la discussion se soutenait encore. On m'a répondu par des dates, en disant que la loi était du 29 juin, et la publication de l'ouvrage du 14 juillet.

Cette réponse serait concluante, s'il était possible de concevoir que dans cet intervalle de quinze jours, l'ouvrage eût pû être *composé* en Auvergne, *envoyé* à Paris, *imprimé*, *broché*, *publié*. Mais quelle que soit la facilité de l'auteur, cette supposition n'est pas admissible.

L'ouvrage n'a été publié qu'après la loi rendue : peu importe. Il n'en pouvait guère être autrement ; car l'histoire est toujours postérieure aux faits dont elle rend compte : la discussion de la loi des élections, bien que terminée par le vote de la loi, n'en demeurait pas moins, comme fait historique, assujétie à tous les récits qu'on en pourrait publier plus tard, sous la seule condition de ne pas s'écarter de la vérité.

On a comparé cela à une offense imprimée contre un prince, et dont les exemplaires seraient publiés au moment où il deviendrait roi. Ah! Messieurs, il y a là-dessus un mot rassurant dans notre histoire, un mot aujourd'hui plus vrai que jamais, c'est celui de Louis XII : *le Roi de France ne venge pas les injures du duc d'Orléans.*

Après ces premières objections, et avant de rentrer dans l'examen du fond, M. l'avocat général est revenu sur ce qu'il appelle toujours *les principes de la matière.* Sans doute, dit-il, il n'y a plus de provocations directes ni indirectes, la loi a senti que les nuances qui les séparent sont trop délicates et trop difficiles à saisir. Elle a effacé toute distinction ; elle ne demande plus aux jurés qu'une seule chose : Vous sentez-vous *ébranlés ?* avez-vous éprouvé un *ébranlement* à la lecture de l'écrit ? On s'est moqué de cette expression, a continué M. l'avocat-général, je voudrais qu'elle fût de moi ; j'aurais eu la gloire avec le ridicule du mot ; mais il est d'un illustre pair, auquel on ne refusera pas le titre de défenseur de la liberté ; il est du duc de Broglie.

Me Dupin répond que la loi ne s'est point con

tentée d'effacer toute distinction entre les provocations directes et les provocations indirectes,
ce qui ferait supposer qu'elle les a fait rentrer
les unes dans les autres. Non, dit-il, mais le
nouveau législateur, qui connaissait l'abus, l'immense abus qu'on avait fait de la doctrine des
provocations indirectes, les a tout-à-fait exclues.
Ainsi, la loi ne s'est pas contentée d'effacer la
ligne qui les séparait, ce qui permettrait la réunion ; mais elle a effacé complètement un des
membres de la distinction ; elle a exclu formellement les provocations indirectes, et n'a réservé
de peines que pour les *provocations* DIRECTES et
les *attaques* FORMELLES.

Maintenant, que signifie ce mot *ébranlement*,
qu'on se félicite d'avoir rencontré comme un de
ces mots heureux qu'on a cherchés long-temps,
et qui apparaissent dans la langue comme un trait
de lumière pour rendre de la manière la plus nette
une idée qui, sans cela, fût restée quelque peu
obscure, et n'eût été qu'imparfaitement exprimée ?

Que l'inventeur de ce mot ait été l'un des défenseurs de la liberté (de la liberté *historique*),
oui : mais ce n'est pas là la question. — Un orateur que je ne prétends point imiter, mais dont
je veux m'autoriser pour l'exemple, ayant à combattre l'autorité toujours imposante d'un grand

nom, et ne voulant pas s'attaquer directement à la personne, fit une excursion sur la secte à laquelle ce personnage appartenait, et montra que la trop grande austérité de Caton tenait à ce que les principes du portique avaient d'exagéré. Ne me serait-il pas permis, sans comparaison aucune, de faire remarquer à mon tour que le noble duc tenait à une secte connue par des bonnes intentions sans doute, recommandable par de grands talens, mais à une secte enfin un peu trop adonnée à la métaphysique; et que les *doctrinaires* enfin (puisqu'il faut les nommer par leur nom) ont eu le défaut qu'on leur a maintefois reproché, d'inventer trop communément des mots qu'ils entendaient à peine eux-mêmes, et que le public n'entendait pas du tout. (Rire général.)

De ce nombre est assurément le mot *ébranlement*, que je n'admets point, que je rejette absolument, parce que ce n'est point le mot de la loi, et qu'il ne remplace que par un sens vague et louche, le sens clair, précis et dégagé de toute équivoque, qu'offrent à toute conscience droite ces expressions : provocation *directe*, attaque *formelle*, dont le législateur s'est servi.

Arrivant au fond de la discussion, M. l'avocat-général a d'abord fait observer que si le premier passage inculpé avait été tronqué, ce n'était pas la faute du ministère public, mais la faute de la Chambre d'accusation, qui n'en avait transcrit qu'une partie dans son arrêt de renvoi. Me Dupin a répondu que le reproche, en ce cas, porterait d'abord sur l'arrêt, et ensuite sur le réquisitoire qui n'avait pas restitué, comme il l'aurait dû, le passage dans son entier.

Je suis d'autant plus étonné qu'il ne l'ait pas fait, dit Me Dupin, que M. l'avocat-général ne s'est pas cru circonscrit par l'arrêt de renvoi, puisqu'à l'instant même il vient de citer à l'appui de l'accusation, un grand nombre de passages dont l'arrêt de renvoi n'a pas fait mention, et qui sont innocens par cela seul qu'ils ne sont pas accusés.

M. l'avocat-général a prétendu qu'il lui était loisible d'agir ainsi, parce que la défense avait usé de cette faculté. Je crois qu'en cela il s'est trompé.

En effet, les passages signalés par l'arrêt de renvoi sont les seuls accusés; les seuls qui soient censés renfermer le délit. Ce délit doit être là, ou il n'est nulle part. Tout ce qui n'est pas accusé textuellement, est par là même à l'abri de l'accusation, et ne peut pas être opposé à l'auteur. Il y en a d'ailleurs une raison fort équitable. Pourquoi la loi exige-t-elle que les passages inculpés soient signalés d'avance? Pour circonscrire l'accusation, pour qu'elle ne puisse pas divaguer; pour que le défenseur ait le moyen d'interroger le prévenu sur ce qui lui est déterminément imputé, sur les intentions qu'il a eues en écrivant tel passage, sur la valeur et le sens des mots que cet auteur a employés. Or, ce travail devient impossible à l'audience. Le ministère public n'a donc pas le droit, en réplique surtout, et quelques instans seulement avant la déclaration du jury, d'amener dans la cause de nouvelles pages, comme élémens de nouvelle discussion, et comme moyen de produire l'*ébranlement* du jury.

Le défenseur, au contraire, a le livre entier à sa disposition, parce que la pensée entière de l'auteur lui appartient avec tous les moyens de l'expliqer. Il peut donc très licitement faire servir les passages reconnus innocens, à l'explication des passages signalés comme coupables, sans que le contraire soit permis au ministère public. On voit la raison de cette différence. Au surplus, dit Me Dupin, je ne fais cette observation que pour l'honneur des principes; car je ne redoute rien de ces sortes d'excursions : le livre entier est aussi aisé à défendre que les passages attaqués.

Sur le premier chef, M. l'avocat-général a prétendu que j'avais mis la réponse à côté de la question, en disant que l'on conseillait si peu la désobéissance à la loi des élections que, loin de là, on recommandait aux électeurs d'y aller. Ce n'est pas en ce sens, a-t-il dit, que l'on a provoqué à la désobéissance à la loi des élections ; cette loi est purement *facultative*, elle ne commande pas ; elle ne punit point ; on a même repoussé l'idée d'assujétir à des amendes les électeurs qui n'iraient pas aux élections. Mais on provoque à la désobéissance à la loi des élections, en ce sens, qu'on se propose d'attaquer les nominations des hauts colléges, de critiquer la validité de leurs nominations, de jeter la *zizanie* dans les esprits, et de décimer la représentation nationale ; mais la nation ne veut plus de 31 mai.....

Messieurs, je vous ferai d'abord remarquer ce que vous aurez sans doute observé vous-mêmes, que l'accusation a pris ici dans la bouche du ministère public, un caractère de virulence que j'absous de toute mauvaise intention ; mais qui n'en contraste pas moins d'une manière affligeante avec l'impartialité et le sang-froid qu'exige la fonction d'accusateur.

Je ne veux point encourir le même reproche ;

mais je répondrai que c'est d'abord une grave erreur, que de supposer que la loi des élections n'est que *facultative*, parce que l'absence des élections serait exempte de punition. Toutes les fois que la loi accorde une qualité, elle impose tous les devoirs attachés à cette qualité. L'électeur, homme de bien, sentira qu'il est de son devoir, et d'un devoir rigoureux, d'aller aux élections, puisque de cette exactitude à s'y rendre dépend la bonté des choix, et que de la bonté des choix dépend le sort de la France et de ses institutions. Détourner les électeurs de cette fonction, serait donc les inviter à désobéir au vœu de la loi, les exciter à trahir les plus chères espérances de la patrie.

Quant au projet supposé de contester le pouvoir des hauts colléges et la validité de leurs nominations, ici j'ose m'adresser à vos souvenirs, Messieurs : daignez les interroger, vous rappellent-ils rien qui, dans l'ouvrage de M. de Pradt, ait autorisé à lui prêter cette pensée ? J'ai lu plusieurs fois son livre, une pareille assertion ne m'eût point échappé ; et pourtant je ne l'y ai pas vue. D'ailleurs pour ne laisser aucun doute sur ce point, j'ose ici adjurer l'accusateur de m'indiquer à l'instant même le passage, l'endroit quelconque du livre sur le-

14

quel il a improvisé cette accusation : je suis
prêt à lui répondre.... (Après un instant d'intervalle, sans que M. l'avocat-général ait fait
droit à l'interpellation, l'avocat reprend :)

Il est étonnant, Messieurs, qu'en l'absence
de toute criminalité réelle, on introduise ici de
pareilles suppositions ! Et quels sont ceux, par
exemple, qu'on accuserait de vouloir décimer
la représentation nationale, et renouveler le
31 mai ? les constitutionnels ! Lanjuinais peut-
être ! ce vertueux défenseur de nos institutions,
qui, ce même jour 31 mai, mit sa tête sur la
tribune pour l'opposer aux factions, et qui la
mettrait encore, s'il le fallait, sur la tribune de
la Chambre des Pairs, pour maintenir nos libertés et nous sauver de nouvelles réactions !

M. l'avocat général a voulu m'opposer à moi-
même, en rappelant que dans l'affaire de la souscription j'avais cité le passage suivant de Prost de
Royer.... « qu'un souverain donne une loi évi-
» demment opposée à la loi naturelle, à la cons-
» titution de son empire, aux mœurs essentielles
» de son peuple, la force en assure l'exécution
» un instant, dans quelques lieux près du prince ;
» mais dans l'éloignement, mais bientôt, la jus-
» tice, l'opinion publique, reprennent le dessus ;
» le temps fait le reste. »

Je m'étonne que M. l'avocat-général ait gardé cette citation pour la réplique , puisqu'ayant apporté le volume où se trouve ce passage, il était, dès le principe, entré dans ses intentions de me l'opposer. Mais enfin, il faut y répondre, et rien n'est plus aisé.

Prost de Royer a été plus loin que M. de Pradt (1); il a supposé que la force seule pourrait assurer l'exécution d'une loi telle qu'il la suppose ; M. de Pradt n'a rien supposé de pareil ; il a dit, au contraire, que la *résistance à la loi serait illégale et deviendrait fatale.* Cependant Prost de Royer, quoiqu'il écrivît sous un gouvernement absolu, n'a pas été poursuivi ; son livre a même été imprimé avec *privilége du Roi.* En effet, Prost de Royer a raison de dire que bientôt *la justice et l'opinion publique reprennent le dessus ;* parce que, comme l'a dit Bossuet, *le bon sens est le maître de la vie humaine,* et qu'il finit par l'emporter. *Le temps fait le reste,* dit Prost de Royer, et nous le savons bien, puisque le temps finit par abroger les lois injustes, immo-

---

(1) Prost de Royer a été plus loin que M. de Pradt, et moins loin que M. l'avocat-général, qui a dit positivement que si une loi *contraire à la Charte* était portée, on devrait *refuser d'obéir à cette loi.*

14..

rales, ou inutiles (1). Ici , M. de Pradt se trouve parfaitement d'accord avec Prost de Royer ; il a seulement relevé l'expression en disant : « le » temps, comme les chanceliers de nos rois, » *nous dira le reste.* »

Ce n'est point là provoquer à la désobéissance aux lois , et c'est tout ce que j'avais à prouver sur ce premier chef.

Quant au chef *d'excitation à la guerre civile* , M. l'avocat général , qui n'a pas pu trouver ce caractère précis d'excitation que la loi exige pour constituer un pareil crime , a voulu remonter plus haut. On n'est jamais , a-t-il dit , assez audacieux ou assez maladroit pour exciter ouvertement à la guerre civile. Mais comme ce sont les passions qui conduisent à cette guerre, ce sont les passions qu'on excite. Vous n'avez donc qu'une chose à vous demander : M. de Pradt a-t-il excité la haine contre les soldats qu'il accuse d'assassinat, et contre les emigrés qu'il voudrait voir éloignés de nous ?

Je n'admets point cette manière d'argumenter;

____

(1) *Rectissimè etiam illud receptum est , ut leges non solo suffragio legislatoris , sed etiam* TACITO CONSENSU OMNIUM *per desuetudinem abrogantur.* Loi 32, § 1 ff. *de legibus.* C'est ce que Aulugelle appelle *leges tacito illiteratoque consensu id est , sine ullâ lege scriptâ) obliteratæ.* NOTT. ATTIC. XI, 18.

M. l'avocat-général change ici le texte du livre
et le texte de la loi. La loi ne punit pas pour
avoir vaguement *excité des passions ;* il n'y a pas
dans notre législation criminelle de délit qui
porte ce nom ; elle punit *l'excitation à la guerre
civile ;* ne changeons pas son texte ; ne mettons
rien à sa place ; or, le livre n'excite pas à la guerre
civile ; il respire l'horreur du sang ! Ah ! sans
doute, si vous le voulez, c'est là exciter les passions, mais des passions nobles, des passions gé-
néreuses, l'horreur du crime, le respect pour la
vie de ses semblables ! Eh ! vous ne vous aper-
cevez pas que vous enlevez un des plus puissans
ressorts de la morale ! Comment peut-on exciter
à la vertu , si ce n'est en inspirant l'horreur du
vice ! Quel moyen plus efficace pour inspirer
l'horreur des massacres à venir, que de manifester la juste horreur qu'on éprouve pour le sang
précédemment versé ?

On a excité à la guerre civile par le récit
trop animé des scènes du mois de juin ! Il ex-
citait donc aussi à la guerre civile, car il exci-
tait la pitié au plus haut degré, ce père infor-
tuné qui redemandait son fils aux soldats ; à
la censure, le droit de déplorer sa perte et de
justifier sa mémoire ; à la police, le droit de
le faire enterrer au grand jour : ils excitaient à

la guerre civile, ces condisciples qui l'accompagnèrent en si grand nombre et en si grand silence, avec tant de larmes et de douleur! Quoi de plus propre, en effet, à émouvoir les passions du peuple! Mais jamais l'accomplissement de tels devoirs, quelqu'émotion qui s'y rapporte, a-t-elle été considérée comme une excitation de *passions qui conduisent à la guerre civile!*

M. de Pradt a dit que certains individus, s'ils ne peuvent et s'ils ne veulent vivre avec nous, n'avaient qu'à s'en éloigner. Il n'a fait que répéter l'idée de Platon, qui, pour expliquer comment les lois étaient obligatoires pour tous, disait que cela n'avait rien d'injuste, parce que les portes d'Athènes étaient ouvertes pour ceux qui ne voudraient pas s'y soumettre.

Quant au troisième chef, M. l'avocat-général revient sur ce qu'a dit M. de Pradt, que la majorité législative n'était qu'une *fiction*, et qu'il y avait toujours un retour à la majorité nationale, qui pouvait la confirmer ou l'infirmer. C'est, dit-il, nier l'essence du pouvoir des Chambres. — Me Dupin répond que non, puisque cette proposition de M. de Pradt repose sur la distinction suffisamment expliquée entre la loi matérielle à laquelle il faut toujours obéir, et la loi morale qui, dans l'ordre rationnel, est toujours soumise à la ratification de l'opinion publique.

M. l'avocat-général a paru s'étonner que M. de Pradt eût allégué sa qualité d'archevêque, comme si notre religion ne nous apprenait pas que cette qualité est indélébile en sa personne! Eh! quoi, il se serait méconnu lui-même à ce point! Au moment du danger, il se serait séparé de cette croix divine que je vois briller sur sa poitrine, de cette croix qui fit le salut du genre humain, et qui devient en ce moment le symbole de sa propre délivrance!

On oppose l'exemple de Fénélon, qui avait composé un ouvrage dangereux; on le lui prouva, dit M. l'avocat-général, et Fénélon se rétracta publiquement.

On le lui prouva; à la bonne heure; mais a-t-on également prouvé à M. de Pradt que son livre était dangereux?

On le prouva à Fénélon, et qui le lui prouva? Rome, qui, dit-on, est *infaillible;* mais ici, qu'il nous soit permis de dire que le ministère public ne l'est pas.

Comme archevêque, ajoute-t-on, M. de Pradt devait du moins connaître le précepte qui prescrit d'*obéir aux puissances établies.* Oui certes, il le connaît ce précepte. Il le connaît, il sait l'observer.

C'est parce qu'il est soumis aux puissances établies, qu'il ne sépare point l'amour du Roi de l'amour de la Charte. C'est parce qu'il est soumis au Gouvernement établi, qu'il a pris soin d'avertir ce Gouvernement que son existence était liée à l'exécution du pacte fondamental.

En effet, Messieurs, reportons nos regards sur le sort de tous les gouvernemens dont l'Histoire nous raconte la chute, ou qui sont tombés sous nos yeux. Aucun d'eux n'a pu survivre à la corruption du principe sur lequel il avait été établi. Les constitutions sont les colonnes sur lesquelles s'appuient les gouvernemens; on ne peut les ébranler sans qu'aussitôt l'édifice entier menace ruine.

C'est pour eux le tison de Méléagre, ils se consument avec lui; dès qu'il est éteint, ils rendent en même temps le dernier soupir.

M. l'avocat-général ne reprenant pas la parole, M. le président demande aux prévenus s'ils ont quelque chose à ajouter à leur défense, et sur leur réponse négative, il déclare que les débats sont fermés, et lit aux jurés les questions qu'ils ont à décider. (*Voyez* l'arrêt de renvoi.)

Les jurés se retirent dans leur chambre , et après une délibération d'une demi-heure , la sonnette annonçant que leur décision est formée, se fait entendre.

Le silence le plus profond règne dans l'assemblée. Les jurés, précédés par un huissier, sont introduits ; la Cour rentre en séance.

Le président. Je rappelle au public que la loi défend expressément tout signe d'approbation ou d'improbation , et j'ai donné l'ordre d'arrêter quiconque se permettrait de troubler l'ordre.

M. le chef du jury, quelle est la déclaration du jury ?

Le chef du jury : (la main étendue sur la poitrine) Sur mon honneur et ma conscience , devant Dieu et devant les hommes, la déclaration du jury est, sur toutes les questions, NON, les prévenus ne sont pas coupables.

Le président aux prévenus : Vu la déclaration du jury, et en vertu du pouvoir qui m'est conféré par la loi , je déclare que vous êtes acquittés de la prévention portée contre vous.

La séance est levée.

A ces mots, tout l'auditoire témoigne sa vive satisfaction par des acclamations unanimes.

M. de Pradt s'avance vers les jurés et les remercie en peu de mots, moins encore en son nom qu'au nom de la société et de la religion , de la justice qu'ils viennent de lui rendre. Vos consciences peuvent être tranquilles, leur a-t-il dit, vous avez bien jugé mes intentions.

Après avoir rempli ce devoir, M. de Pradt a reçu les félicitations de tous ceux qui l'entouraient. Tant de témoignages d'affection l'ont vivement ému. Voilà le plus beau jour de ma vie, disait-il à Mᶜ Dupin; c'est à vous que je le dois. C'est la plus belle récompense de mes efforts pour le bonheur public. Je prends l'engagement de les redoubler.

La foule nombreuse qui remplissait la cour et les avenues, s'ouvrait respectueusement pour laisser passer le prélat qu'elle a suivi jusqu'à sa voiture, tête nue et en invitant ceux qu'elle rencontrait à se découvrir. Des applaudissemens unames, joints aux cris de *Vive l'Archevêque!* ont accompagné son départ.

Ainsi s'est terminé un procès propre à frapper l'attention de la France et de l'Europe, et qui restera dans l'Histoire. Cette cause fait ressortir plusieurs caractères qui méritent d'être remarqués.

1°. L'étonnement du public en voyant rassembler trois chefs d'accusation de la nature la plus grave, contre un homme d'un rang élevé dans la société, sans pouvoir en prouver aucun; en pareil cas, prouver ne suffit pas ; c'est accabler

sous le poids des preuves qui est nécessaire. S'exposer à succomber, et succomber par le fait, est
peu prudent et d'un effet fâcheux pour qui peut
agir avec cette légèreté.

2°. Le respect témoigné constamment pour la
religion dans le cours des débats....; le public a
accueilli avec la plus grande faveur tout ce qui
a été dit sur la liaison de la religion et du ministère ecclésiastique avec la société : il a prouvé
par là qu'il était loin de cette haine qu'on lui
suppose pour la religion et ses ministres, et que
ceux-ci lui seraient toujours chers, quand ils se
montreraient aussi bons citoyens que prêtres zé-
lés et vertueux.

Le caractère ecclésiastique a paru manifeste-
ment être en grande partie la cause de la faveur
éclatante que le public n'a pas cessé d'accorder
à M. l'archévêque de Malines.

Il paraissait ressentir vivement l'injure faite à
la religion dans la personne d'un de ses principaux ministres. Surtout il a été offensé du rapprochement de deux causes que le sentiment des
convenances seul commandait de séparer, et la
plus grande distance entre elles eût été la plus
convenable.

3°. L'assentiment le plus entier de la part du
public n'a pas cessé de se prononcer en faveur des
doctrines constitutionnelles qu'ont énoncées, soit

M. l'archevêque de Malines, soit son défenseur, comme les doctrines contraires n'ont pas cessé d'être repoussées par le public.

4°. Le mode d'argumentation adopté par le ministère public a fortement frappé par les dangers qu'il présente aux citoyens; car, d'après ce genre d'argumens, qui est celui connu dans l'Ecole sous le nom de *sorite*, on arrive à la septième conséquence, à prouver à un homme qu'il a commis le plus grand crime, en partant du point de l'action la plus indifférente et même la plus innocente. Rien sur la terre n'est plus effrayant !

5°. Le public a manifesté, autant qu'il était en lui, combien il était désagréablement affecté, en entendant le ministère public établir un rapprochement entre un ouvrage composé à cent lieues de Paris, au mois de mai, et le complot du 20 août, que le Gouvernement a sagement circonscrit entre quelques jeunes militaires, que mille raisons prouvent n'avoir jamais eu de rapports avec M. l'archevêque de Malines. Le public n'a pas montré moins d'éloignement pour plusieurs allégations et observations qu'il a jugé propres à blesser M. l'archevêque, et que le ministère public s'est permis bien gratuitement, et que l'on peut croire n'avoir pas aidé au succès de son attaque.

6°. Cette cause a mis dans tout son jour, que, dans une partie des procès intentés pour les délits de la presse, les dommages éprouvés par les intéressés à les poursuivre, surpassent les avantages de la réparation que cette poursuite est destinée à procurer.

7°. Le public a montré un grand empressement à dédommager M. l'archevêque de Malines, de ce qu'il supposait justement que sa position devait lui faire éprouver. Il a applaudi avec transport à son acquittement; il l'a comblé de preuves de bienveillance et d'intérêt, il l'a mis dans le cas de regarder comme le plus beau jour de sa vie, celui que des apparences bien affligeantes, pour lui, présentaient comme devant en être le plus funeste.... Le public se souvenait des longs travaux de M. de Pradt, des intentions qu'il n'a pas cessé de montrer pour le service public, et ce jour, l'on a pu reconnaître qu'il existait une opinion publique, qu'il n'est pas plus possible d'étouffer que d'égarer.

L'opinion était formée sur le livre de M. de Pradt. Tous les lecteurs éclairés n'y avaient vu qu'un ouvrage de haute politique et d'histoire; qu'un *hymne* à la législation, à la couronne, à la Charte. Ils avaient rendu hommage au courageux dévouement de l'auteur des chapitres *de la Dynastie et du Gouvernement occulte...* Et des observations sur la conduite du ministère. Les hommes les plus susceptibles, et même les plus conscientieux, pouvaient aller jusqu'à désirer que quelques expressions qui, au fond, ne servaient qu'à témoigner des sentimens de l'auteur, pour le bien de son pays, de ses allarmes pour la tranquillité, de son horreur, non pour la guerre civile, mais pour des perturbations civiles, dont il se croit destiné a être la victime, ne se fussent pas rencontrés dans son livre; mais ces expressions n'étaient pas des crimes, mais d'elles à l'imputation de trois grands crimes, il y avait une distance immense. Le jugement du tribunal a confirmé leur opinion, il s'est montré juste parce qu'il était éclairé, il a renvoyé aux mœurs de juger ce qu'on a voulu faire juger par les tribunaux... Ce sont deux juridictions différentes... L'ouvrage de M. de Pradt était celui d'un bon citoyen; cet écrit est la suite de beaucoup d'autres composés dans le même esprit, il est si formel pour tous les principes de la société, il est si plein de vie constitutionnelle, les intentions de l'auteur sont si clairement marquées, qu'une attaque judiciaire au premier chef, tel qu'il l'a éprouvée, est, et sera long-temps, un sujet d'étonnemen

Un ouvrage est tiré à mille exemplaires.

Trois ou quatre cents vont dans l'étranger.

Reste sept cents pour la France entière.

Ceux-ci vont aux classes élevées, parmi lesquelles il y a autant de juges que de lecteurs.

Un procès est élevé. Pour accuser, il faut lire ce qui est supposé dangereux. Alors on met le public dans la confidence de ce qu'il faudrait cacher.

C'est ce qui a eu lieu pour le livre de M. de Pradt. Il n'était connu que d'un petit nombre d'hommes sur l'esprit desquels il ne pouvait produire un effet dangereux. Une partie même le repoussait de toutes ses forces.

Pour l'accuser, il a fallu le lire en public. Le ministère public pour appuyer ses raisonnemens, a du lire plusieurs fois les morceaux les plus fâcheux pour ceux sur lesquels ils retombent. Il a fait connaître au public ce qui n'était venu qu'à la connaissance d'un très petit nombre de personnes. Il a pu juger si le public s'unissait aux vues de l'auteur.

Dans ce cas, qui a fait le plus de mal, ou l'auteur ou l'attaque, qui a donné et qui donnera à son écrit une étendue de publicité qu'il n'aurait jamais obtenu sans ce procès engagé bien mal à propos.

Il en est de même de presque tous les écrits poursuivis. Le public les ignorait, ils n'auraient pas mis en mouvement un enfant; quelques phrases reposaient obscurément au fond d'un livre dont on ne soupçonnait pas l'existence, on va les y chercher; voilà un livre entre les mains de tout le monde. Qu'a-t-on gagné, et qui l'emporte du dommage fait par le livre, ou de celui fait par la réparation de ce dommage?

M. de Pradt méritait des récompenses, et non pas d'être traîné devant les tribunaux. C'est une inconcevable supposition que celle de l'excitation à troubler la société, de la part d'un homme qui, à raison de son rang, de sa position sociale, a tout à perdre aux troubles, et ne peut rien désirer que du repos pour le reste de ses jours.

En définitive, la question tout entière se trouvait résolue par ces mots.

Un livre de la morale la plus pure, doit-il prévaloir sur quelques phrases déplaisantes, où ces phrases doivent-elles prévaloir sur ce livre? L'auteur doit-il être considéré comme un homme déplaisant ou traité en criminel? Le tribunal a décidé la question; il a éloigné toute idée de crime, et s'est uni à ce que l'opinion publique avait déjà prononcé; et dans le fait, il n'y avait que cela.

FIN.